BUENFITS

Todos pueden ir la universidad

Información e inspiración de

Marisela Rubio Gomez

y Brooke Higgins

BUENFITS

www.buenfits.com

ISBN: 978-0-578-39979-9

La dedicación

Les dedicamos este libro a los padres, los estudiantes, los consejeros, las comunidades y todas las personas que están inspiradas a alcanzar sus *buenfits*.

buenfits:

(sustantivo plural)
las universidades que son buenas
opciones para un estudiante

El índice

1. ¿Cómo puedo preparar a mi estudiante para la universidad con este libro?

En este capítulo

Este libro existe para informar, educar, e inspirar a los padres que hablan español. Es un recurso para encaminar a los estudiantes en el proceso de admisión universitaria. Cada capítulo está dedicado a un tema importante del proceso. Usted puede leer la información más relevante, tomar apuntes y desarrollar su propio plan.

Dolores y Miguel

El año pasado trabajamos con Dolores y Miguel, padres que inmigraron a los EE.UU. hace pocos años. Su hija, Selena, era una estudiante diligente en su tercer año en San Marcos High School. Como su hija tenía éxito en la escuela, Lupe y Miguel soñaban con que su estudiante fuera a una universidad selectiva como Harvard, Princeton, o Stanford.

Durante ese año escolar, ellos empezaron a aprender un poco sobre esas universidades con búsquedas de web. Como ellos no hablaban mucho inglés, tenían que usar Google Translate en sus búsquedas. A veces Selena les ayudaba también con la traducción.

Nos conocimos a Dolores y Miguel durante una presentación que hicimos en su comunidad acerca del proceso de admisión universitaria. Presentamos en inglés, pero ellos usaron una intérprete para poder entender todo. Un tema clave de nuestra presentación era la diferencia entre las varias solicitudes universitarias.

Frustrado, Miguel nos comunicó después de que él había asistido a otra presentación en que les dijo que solamente existía una solicitud. Se notaba que Miguel y Lupe estaban muy confundidos. Nosotros agendamos una reunión personal con ellos.

Durante esa reunión, vimos la confusión y frustración de Lupe y Miguel. Estaban estresados con su proceso de entender todo. Solo querían lo mejor para Selena pero nos dijeron que sus cabezas estaban dando vueltas tratando de comprender todo el inglés. Simplemente, necesitaban entender el proceso de admisión en español.

Al platicar con Dolores y Miguel, validamos todos sus pensamientos y sentimientos. Si los padres no saben inglés, tienen que superar dos barreras para ayudar a su estudiante: primero, aprender inglés y segundo, entender el proceso. Esto no se puede lograr de la noche a la mañana. Hasta los anglohablantes tienen dificultad para entender lo que se necesita para obtener una educación universitaria.

Ellos se sintieron mucho mejor. A partir de ese momento, todos nosotros, incluso Selena, empezamos a desarrollar un plan para la admisión universitaria para Selena.

Al mismo tiempo, nos dimos cuenta de que el impacto de no tener información en español era más grande de lo que pensábamos. Dolores, Miguel y Selena no eran las únicas. Muchos hispanohablantes necesitan información en español sobre el proceso de admisión universitaria.

En ese momento tomamos una decisión importante: determinamos escribir un libro en español para familias como la de Dolores y Miguel. Nuestro objetivo era, y aún es, informar y desarrollar recursos y programas en español específicamente para familias que quieren ayudar a sus estudiantes a ingresar a la universidad.

Este libro es el resultado de esa decisión y de nuestro objetivo. Hasta hoy en día Dolores y Miguel no saben la inspiración que dieron al trabajar con nosotros.

Su guía para encaminar a su estudiante a los *buenfits*

Primero que nada, es clave entender el término *buenfits*.

Buenfits son las universidades que son buenas para un estudiante. Creamos este término usando "buen" (en español) con la palabra "fits" (en inglés) para recalcar que existen muchísimas oportunidades después de *high school* para todo tipo de estudiante.

Usamos este término para comunicar que cuando uno se concentra en la historia, los intereses y los objetivos de su estudiante, existen varias universidades buenas. La realidad es que no hay solamente uno, sino varios *buenfits* para su estudiante.

Otra realidad es que muchos estudiantes y sus familias tienen un gran interés en sobresalir y asistir a una universidad. Pero la mayoría de esas familias, como la familia de Dolores y Miguel, están confundidas y no saben cuántas oportunidades existen. No tienen experiencia con el proceso de admisión universitaria. Para muchos, ese proceso es nuevo y el sistema educativo de los Estados Unidos es único.

Como resultado, muchas familias se desaniman. Les falta información, piensan que la admisión universitaria es demasiado complicada y se dan por vencidos. Terminan con opciones que no son las ideales para su estudiante. O peor, nunca consideran que es posible que su estudiante pueda asistir a la universidad.

Por eso, la meta de este libro es informar, educar, e inspirar a padres hispanohablantes. Con este libro, queremos comunicar que sí, es posible ingresar a una universidad que es ideal para su estudiante. Deseamos que usted use este libro como un recurso confiable para guiar a su estudiante por el mundo de las universidades estadounidenses e identificar sus opciones ideales, o sea uno de los *buenfits*.

Sobre todo, este libro es su guía para obtener información, aprender sobre otros estudiantes, e inspirarlos para que usted y su estudiante logren sus metas.

Cómo usar este libro

Con más de 3,000 universidades en los Estados Unidos, hay varias opciones que las familias pueden considerar y elegir. En realidad, un estudiante puede tener buenas o bajas calificaciones, ser ciudadano o ser indocumentado, saber lo que quiere estudiar o no saber. ¡Todo es posible!

Sobre todo, queremos que este libro sea un guía durante el proceso de admisión para cada estudiante y familia.

Organizamos todos los capítulos en este libro en una orden que nosotros pensamos que es más útil para usted. Cada capítulo consiste en un tema relevante en el camino hacia la universidad. El título de los capítulos representa una pregunta principal que nosotros frecuentemente recibimos de familias como la de usted.

El contenido de los capítulos tiene motivo de contestar la pregunta principal y está dividido en cuatro partes. Primero, empezamos con un resumen breve del contenido. Segundo, compartimos una situación verdadera de un estudiante o familia. Tercero, contestamos la pregunta con la información más relevante. Cuarto, ofrecemos recomendaciones o los pasos que usted podrá seguir inmediatamente.

Por esta razón, usted y su estudiante pueden elegir los capítulos que necesitan para informarse. Lo más importante es que usted se llene de información, aprenda los pasos que su estudiante necesite tomar, y consiga admisión a una universidad estadounidense.

Ahora, para poder capturar la información más importante en este libro para usted y su estudiante, le recomendamos algunas maneras para leer el libro:

- **Lea las preguntas:** El título de cada capítulo es una pregunta. Repase estas preguntas para ayudarles a determinar la situación personal de su estudiante y la información más relevante.
- **Decida el orden que leerá los capítulos:** Últimamente, se recomienda leer este libro de principio a fin. Sin embargo, no es necesario leer todo en orden. Un estudiante que quiere entrar a la universidad en seis meses tal vez leerá los capítulos más relacionados con las solicitudes. En cambio, un estudiante que quiere entrar a la universidad en seis años leerá todos los capítulos en orden.
- **Use el glosario:** Busque el significado de las palabras técnicas o en inglés en el glosario. En vez de traducir las palabras técnicas y crear confusión, decidimos usar algunas palabras en inglés y estas las escribimos en itálicas. También, el uso de inglés con esas palabras les ayudará a familiarizarse con los términos importantes.
- **Tome apuntes:** Para poder procesar toda la información en este libro, se necesita una forma de escribir apuntes. Use un cuaderno, un documento u otra manera de documentar las cosas más importantes.
- **Establece y sigue un plan:** El proceso de admisión exitosa requiere un plan. Para crear su plan, siga los pasos y recomendaciones que se encuentran en la parte final de todos los capítulos.
- **Forme un equipo:** Use la información en este libro para unir un equipo de apoyo entre usted y su estudiante. Puede invitar a estudiantes, padres, u otras personas de su comunidad. Su equipo le brindará apoyo, ánimo y compañerismo. Sobre todo, les ayudará a leer el libro para completar el proceso y lograr la admisión universitaria.

Como verán a lo largo de su camino hacia la universidad, usted y su estudiante encontrarán las mejores maneras para alcanzar sus metas. Use este libro como un recurso invaluable, educativo e informativo para que usted y su estudiante hacia sus *buenfits*.

2. ¿Podrá mi estudiante ir a la universidad?

En este capítulo

Una educación universitaria está a su alcance. Sin embargo, por la falta de información o experiencia, muchos no conocen de todas las opciones posibles. Con una mentalidad de crecimiento combinado con la inspiración, su estudiante y usted pueden encontrar el camino a su universidad ideal. ¡Sí, es posible!

Andrea

Andrea era una estudiante con sueños de asistir a una universidad para estudiar enfermería. Pero no tenía mucha esperanza ya que su familia le obligaba a trabajar en un restaurante. Sus padres le decían que se olvidara de sus sueños de estudiar enfermería ya que tenía que ayudar con los gastos de la familia.

Andrea trabajaba de lunes a domingo. Después de la escuela, ella se iba a su trabajo hasta las 9:00 de la noche. Los fines de semana trabajaba todo el día. Como resultado, ella no tenía mucho tiempo para estudiar. No le daba importancia a sus clases y sus calificaciones (*GPA*). Ella no creía que su *GPA* iba a ser competitivo para ser admitida a una universidad.

En su opinión, su futuro estaba fijo y se había dado por vencida.

Andrea cambió de opinión cuando ella participó en uno de nuestros eventos. Ella se nos acercó a nosotros y nos preguntó si le podíamos ayudar con un ensayo para su clase de inglés.

Confundidos, le preguntamos, "¿Para una clase de inglés? ¿O estás entregando una solicitud de admisión?"

Triste y desilusionada, Andrea respondió, "No, yo no tengo las calificaciones para ser admitida a una universidad porque trabajo todo el tiempo." Andrea comenzó a llorar al compartir su situación.

Para ayudarla y poder hacer recomendaciones para identificar los caminos posibles, le pedimos su lista de cursos, conocido como un *transcript*. Al analizar su *transcript*, notamos que su *GPA* no era tan bajo como ella pensaba. En realidad ella podía ser admitida a varias universidades.

Le mostramos los programas de enfermería en Seattle University, Montana State University, y California State University, Chico. La información dejó a Andrea sin palabras y con mucho entusiasmo.

Andrea se limpió las lágrimas y nos preguntó, "Entonces, ¿sí es posible?" Ella apenas podía creer que sí había opciones para lograr el sueño que siempre había soñado.

Respondimos, "¡Sí, es posible! ¡Ahora la decisión es tuya!"

Al día siguiente, Andrea habló con su consejera escolar para empezar una investigación en unas universidades y completar las solicitudes.

Andrea cambió su enfoque y adoptó una manera diferente de asesorar sus oportunidades. En ese momento, ella sabía que sí tenía la oportunidad de ir a la universidad.

La mentalidad de crecimiento

Desafortunadamente, hay muchos estudiantes desilusionados igual a Andrea. Ellos no piensan que hay posibilidades de matricularse en la universidad. Escuchan comentarios negativos, casos de fracaso, y no se informan o investigan lo necesario para realizar sus propios sueños. Al escuchar este tipo de pesimismo, su motivación desaparece y no toman el tiempo necesario para investigar sus opciones.

La verdad es que el proceso de admisión universitaria requiere tiempo, dedicación y paciencia. Más importante, se requiere la inspiración y una actitud de SÍ SE PUEDE.

La inspiración y una actitud de SÍ SE PUEDE empieza con una mentalidad de crecimiento. Una mentalidad de crecimiento es la mentalidad de que todo es posible con trabajo y dedicación. Es una manera de ver las posibilidades en los obstáculos y tener la determinación para superarse.

Note que una mentalidad de crecimiento no es una mentalidad fija. La persona con una mentalidad fija se dice, "no puedo" o "no es posible." Al contrario, la persona con la mentalidad de crecimiento se dice, "no puedo *aún*" o "no es posible *aún*," y se dedica al trabajo para convertir el "no" en un "sí".

Gracias a la Dra. Carol Dweck de Stanford University, ha sido científicamente comprobado que las personas con mentalidades de crecimiento logran más que las personas con mentalidades fijas. Por décadas, la Doctora estudiaba la psicología y la motivación de personas para entender porque algunas consiguen sus metas mientras otras no. Cómo es posible, Dweck quería saber, que entre dos personas con talentos parecidos, uno puede tener éxito y el otro no.

Tras el tiempo y con la evidencia de muchos estudios, Dweck demostró que las personas que adoptan una mentalidad de crecimiento aprenden más, logran más y tienen más éxito. Dweck descubrió que las personas exitosas tienen las características siguientes: no temen el esfuerzo, les gustan los retos, usan los errores para aprender y valoran los consejos.

Al parecer, todo empieza con nuestra voz interna y con la mentalidad de crecimiento. Es una mentalidad de auto-superación y desarrollo personal. Ya que el objetivo de este libro es abrir oportunidades universitarias, le recomendamos que incorpore esta mentalidad de crecimiento en su proceso de admisión. ¡Sí, es posible!

Cómo apoyar a su estudiante

Sí, existen universidades para su estudiante. Una licenciatura de una universidad es posible. Con una mentalidad de crecimiento, se puede encontrar varias opciones. Usted tiene todo al alcance.

Como padres y madres, sus mejores aliados en el proceso de admisión son los consejeros escolares. Ellos están disponibles para darles asesoría a su estudiante y a usted. Si por algún motivo no tiene el apoyo de su consejero, tal vez puede buscar a un maestro o maestra en su escuela. Ellos tienen recursos para ayudar a su estudiante.

Además, es posible visitar una universidad local y pedir hablar con un representante en la oficina de admisión. Típicamente, hay representantes de las universidades para ayudar a las familias. Si usted no habla inglés, tal vez su estudiante puede traducir del inglés al español porque lo más importante es encontrar y entender la información.

Segundo, considere una variedad de universidades. No ponga límite y no piense como, "las universidades son muy caras" o "el hijo de mi vecina no fue admitido allí, entonces mi hija tampoco." Aprenda cómo funcionan las universidades en los Estados Unidos y siga los consejos que le ofrecemos en este libro.

Es el momento de apoyar a su estudiante para lograr su meta.

3. ¿Por qué las universidades en los EE.UU. son diferentes a las de mi país?

En este capítulo

Existen miles de universidades en los EE.UU. y todas tienen algo diferente que ofrecer. Con tantas posibilidades, las familias se confunden. Por eso, es necesario hacer el trabajo para encontrar la mejor opción para su estudiante. Aquí le ofrecemos dos pasos para poder distinguir las diferentes universidades.

Marisa

Marisa era una estudiante muy aplicada. Ella asistía a un high school en Colorado. Desde pequeñita, los padres de Marisa le habían inculcado que ella iba a estudiar en una universidad. Por eso, ella tenía sueños grandes en matricularse en una universidad en los EE.UU.

Sus padres recibieron sus licenciaturas fuera de los Estados Unidos. Ambos tenían profesiones en su país, pero se mudaron a los EE.UU. para buscar una nueva vida con más oportunidades. Aunque los padres tenían mucha educación en su país, ellos no sabían mucho del proceso en los EE.UU.

Marisa estaba confundida. Tenía un sueño pero ella no sabía qué quería estudiar ni a qué universidad quería asistir.

En su último año del high school, algunos consejeros de universidades visitaban su high school para platicar sobre sus programas. Marisa salió de las pláticas más confundida. Se dio cuenta de que cada universidad tenía un proceso un poco diferente. Por ejemplo, algunas universidades requieren los exámenes estandarizados como el SAT® o ACT®, mientras otras no. Además, algunas universidades requieren un ensayo para su solicitud mientras otras no.

Los padres de Marisa no podían ayudar mucho ya que venían de otro sistema. En su país, ellos tomaron un examen, eligieron su especialidad, y después fueron admitidos. En los EE.UU., el sistema es diferente.

Al tiempo de elegir universidades, Marisa se sentía presionada y no sabía qué hacer. Solo podía cerrar sus ojos y elegir una universidad al azar.

El sistema educativo está descentralizado

La historia de Marisa y su familia es común. Las familias que vienen de otros países no entienden que el sistema en los EE.UU. es diferente que el sistema universitario de sus países. Incluso, las familias estadounidenses se confunden con las miles de opciones universitarias posibles. La confusión es real.

La verdad es que el sistema en los EE.UU. con casi 4,000 universidades está completamente descentralizado. Cada universidad se especializa en algo distinto y ofrece experiencias únicas.

Por ejemplo, Rochester Institute of Technology es una universidad privada que ofrece programas especializados en ciencias y tecnología. Westmont College, también privada, es una universidad religiosa con programas en humanidades. CSU San Marcos, una universidad pública, tiene una gran variedad de licenciaturas.

Estos ejemplos solamente representan una fracción de las opciones posibles. Con tantas oportunidades, varias familias se confunden, tienen miedo de equivocarse, y no saben qué información necesitan.

Como resultado, las familias como la familia de Marisa, eligen las universidades sin ninguna estrategia. Sin un plan, los estudiantes toman decisiones al azar.

En la sección siguiente, presentamos dos pasos importantes para que usted elimine cualquier confusión y distinguir las universidades.

Los 2 pasos para distinguir las universidades

Aunque la confusión y el miedo existen, no se desanime. Con tiempo, es posible informarse para entender cómo funcionan las universidades estadounidenses, comparar los sistemas y entender cómo entregar solicitudes a sus *buenfits*. Como muchas cosas en la vida, es un proceso de paso a paso.

Para simplificar el proceso, presentamos dos pasos esenciales aquí:

Paso #1: Conozca cuáles son los sistemas universitarios en su región y/o estado

Tome el tiempo de conocer las diferencias de cada sistema. Existen tres sistemas principales en cada estado: el sistema estatal, el sistema independiente y el sistema de los *community colleges* (colegios comunitarios). Al conocer los sistemas diferentes, note que cada una ofrece sus propios programas académicos y procesos para postularse.

Paso #2: Investigue las universidades locales

Lo ideal es hacer una investigación simple con una exploración de las universidades locales. Dedique el tiempo a aprender de las opciones cercanas. Siempre recomendamos que, cuando sea posible, usted visite los lugares personalmente.

La clave de este paso es formar las ideas de las opciones diferentes en su comunidad.

En los capítulos siguientes, le mostraremos los pasos específicos para hacer una investigación más profunda. Por el momento, no se desanime. Siga con este libro como guía y compás de su dirección.

4. ¿Qué cursos se necesitan para ser admitido/a a una universidad?

En este capítulo

Muchas familias no entienden cuáles son los cursos requeridos para ser considerados para admisión universitaria. Los requisitos para graduarse de un high school no siempre son los mismos para ser admitido. Se presenta aquí un resumen de los cursos requeridos para ser considerado para admisión y 4 pasos para superar los cursos mínimos.

Kimberly

Antes de empezar su último año de high school, Kimberly decidió que no iba a tomar la clase de Precálculo. Ella ya había terminado con Algebra II en el tercer año y no quería tomar más clases de matemáticas. Una amiga de Kimberly le dijo que ella no necesitaba tomar Precálculo ya que había completado los requisitos mínimos para ser admitida a una universidad.

Poco después, nos reunimos con Kimberly. Nosotros le explicamos que muchas universidades reciben solicitudes de estudiantes que toman cuatro años de matemáticas y en algunos casos, los estudiantes toman cursos más avanzados. Para maximizar su oportunidad de admisión, le recomendamos que tomara un año más de matemáticas.

Confundida, Kimberly no sabía qué hacer. Ella dudaba de nuestro consejo. Por eso, le dimos a Kimberly una tarea. Le pedimos que llamara a algunas de sus universidades preferidas para ver qué recomendaban sobre el curso adicional.

Cuando Kimberly llamó a las universidades, ella confirmó que había completado los requisitos mínimos pero un año más de matemáticas le daría más probabilidades de admisión. De hecho, cuando habló con un representante de admisión de una universidad selectiva, le comentó que al tomar las decisiones finales, la universidad considera cuántos años de matemáticas estudian los estudiantes y hasta qué nivel.

Kimberly entendió que el mínimo, en muchos casos, no es el máximo chance de admisión. Al día siguiente Kimberly nos llamó y nos contó que se inscribió en un curso de Precálculo. Al final, Kimberly recibió varias cartas de aceptación de sus universidades preferidas y se inscribió a un programa de enfermería en Gonzaga University.

Los cursos requeridos

El caso de Kimberly demuestra que el *transcript* es lo más importante en la solicitud universitaria. El *transcript* es un expediente de los cursos académicos y las calificaciones correspondientes. Es el corazón de la solicitud, la base principal de la evaluación y la confirmación de lo que el estudiante quiere. Su estado puede usar otro nombre, pero los cursos son similares. No es una lista de cursos para graduarse de una escuela sino los   cursos necesarios para ser admitido a una universidad.

Los requisitos A-G en California son los siguientes:

A) Historia/Ciencias Sociales: dos años que incluye un año de historia global o cultural, geografía, y un año de historia estadounidense o medio año de ambos historia estadounidense y gobierno.
B) Inglés: cuatro años de cursos de Inglés.
C) Matemáticas: tres años de matemáticas que cubren álgebra y geometría.
D) Ciencias de Laboratorio: dos años de ciencias de laboratorio en disciplinas como biología, química, y física.
E) Idiomas: dos años del mismo idioma, equivalente a segundo nivel de instrucción high school.
F) Artes: un año de arte, desde música, baile, teatro o artes visuales.
G) Curso electivos: un año de uno de los cursos entre los puntos A-F.

Con respecto a estos requisitos mínimos, es necesario considerar dos elementos más.

Primero, solamente las universidades aceptan los requisitos A-G cuando el estudiante ha recibido una calificación de C o más alta en la clase. Si el estudiante recibió una D o F en uno de los cursos requeridos, tendrá que tomar el curso nuevamente o no será admitido.

Segundo, estos cursos son los mínimos requisitos para ser considerado para admisión a una universidad. Por lo tanto, un *transcript* con lo mínimo a veces no es suficiente para ser admitido. Para tener más probabilidad de admisión, como en el caso de Kimberley, un estudiante tiene que tomar más que el mínimo, como cursos adicionales o cursos más avanzados. Las universidades con la admisión competitiva, o las que admiten menos de 20% de sus aplicantes, favorecen a los estudiantes que sobrepasan los requisitos académicos.

La sección siguiente detalla cómo sobrepasar el mínimo.

Los 4 pasos para tener más que los requisitos

Las oficinas de admisión de las universidades utilizan el *transcript* para distinguir a los estudiantes más competitivos del resto del grupo de aplicantes. Las universidades, especialmente las selectivas, prefieren admitir a los estudiantes con *transcripts* que incluyen los cursos más avanzados y retadores posibles. El estudiante con solamente lo mínimo no tiene tantas oportunidades para la admisión universitaria como el estudiante con cursos superiores.

El camino a un *transcript* con los cursos más allá que lo mínimo empieza el primer año de *high school*. Desde el primer año hasta el último, su estudiante debe desafiarse con cursos más allá de lo requerido.

Aquí ofrecemos los 4 pasos para preparar un *transcript* que ofrezca más probabilidad de admisión:

Paso #1: Revise los cursos disponibles

Repase los A-G cursos e investigue los cursos disponibles y desafiantes para su estudiante. Considere los intereses y pasiones de su estudiante al seleccionar cursos avanzados. Explore las oportunidades en los cursos como:

- *Advanced Placement/A.P.* (Curso Avanzado)
- *Honors* (Honores)
- Cursos en el colegio comunitario o universidad
- *International Baccalaureate/I.B.* (Bachillerato Internacional)

Paso #2: Platique con su consejero académico escolar

Comuníquese con la oficina de *Student Services of College Counseling* para agendar una cita con una consejera académica. Ellas pueden ser sus mejores aliadas en este proceso. Ellas tienen mucho conocimiento sobre los cursos requeridos y qué cursos son mejores para su estudiante.

Paso #3: Desarrolle un plan académico

Ya que el *transcript* es el paso más importante en el proceso de admisión, es esencial desarrollar un plan académico en que su estudiante pueda tener éxito, demostrar sus habilidades y distinguirse del resto de los postulantes.

Por lo tanto, prepare un plan con su consejera académica y su estudiante. El plan tiene que incluir todos los cursos requeridos y algunos cursos adicionales. En su plan, no olvide la importancia del *transcript* en las decisiones de admisión. Mientras más cursos rigurosos tiene el transcript, existen más opciones para admisión.

Paso #4: Implemente el plan y ajuste cuando sea necesario

Revise el plan todos los semestres y ajuste cuando sea necesario. Siempre es posible cambiar el plan y tomar cursos más avanzados o no. Platique con su estudiante y consejera académica para hacer los mejores cambios sin perjudicar las probabilidades de admisión.

Ahora, en el caso de que su estudiante ya esté en el último año de *high school*, no significa que todas las puertas universitarias se cierran. Como vimos en el caso de Kimberly, ella pudo hacer cambios de su plan en el último año del *high school* y todavía logró sus metas.

Al final, un *transcript* es el camino académico de su estudiante. Con un plan de completar las clases requeridas y explorar cursos más avanzados, un estudiante puede tener más opciones de admisión.

Además de comunicar el camino académico de su estudiante, el *transcript* ofrece información adicional sumamente significativa: el *GPA*. En el próximo capítulo, presentamos como el GPA es considerado y utilizado por las universidades.

5. ¿Es importante tener un *GPA* excelente?

En este capítulo

El *GPA* es el promedio académico de todas las calificaciones del estudiante y es la medida más importante del proceso de admisión. Lograr un *GPA* competitivo requiere tiempo, dedicación, y sacrificio. Se presenta aquí un resumen de la importancia del *GPA* y 5 sugerencias para mejorar el *GPA* de su estudiante.

Juan

Juan, un estudiante, se dedicaba mucho a jugar al fútbol. Como se dedicaba mucho a un deporte, él pensaba que iba a tener varias posibilidades para ser admitido a una universidad selectiva.

En su opinión, su camino a la admisión universitaria estaba garantizado porque jugaba muy bien al fútbol. Sus amigos lo apoyaron. Le decían que las universidades siempre reclutaban a los jugadores más dotados.

Sus padres, con todo el orgullo de sus logros en fútbol, siempre le aconsejaban mantener las calificaciones excelentes. Para los papás, el *GPA* era tan importante como el fútbol.

A pesar de los deseos de sus papás, Juan siguió los consejos de sus amigos. Se dedicaba mucho al fútbol y no le importaba su *GPA*. Él hizo el esfuerzo mínimo en sus cursos y no recibió las mejores calificaciones.

Cuando conocimos a Juan, nos dijo que quería ingresar a escuelas muy competitivas como Stanford University o Universidad de California de Los Ángeles. Nosotros le explicamos a Juan que admiramos sus metas de jugar para una universidad. Sin embargo, con un *GPA* relativamente bajo para Stanford y University California at Los Angeles, él tendría que considerar otras universidades que admiten estudiantes con un *GPA* parecido al suyo. Le recomendamos que agregue otras universidades en su lista, como University of Colorado at Boulder o Northern Arizona University, para tener más opciones.

Después de considerar las opciones y platicar con sus padres, Juan entregó solicitudes a Stanford, University of California at Los Angeles, Northern Arizona University y otras. Al final, a pesar de sus logros en el fútbol, ni Stanford ni University of California at Los Angeles lo admitieron. Pero sí Northern Arizona University lo admitió.

Juan no lo podía creer. Él pensaba que se había dejado llevar por los consejos de sus amistades. Él ahora está ingresado en Northern Arizona University, felizmente enfocándose principalmente en sus cursos y después en el deporte.

La importancia del *GPA*

Sin duda, el elemento más significativo en el proceso de admisión es el *GPA* del estudiante.

De hecho, la National Association for College Admission Counseling (N.A.C.A.C.), una organización nacional de admisión universitaria, hizo una investigación para saber cuáles eran las cosas más importantes en la evaluación de un estudiante. Sin ninguna sorpresa, el *GPA* era lo más importante.

El *GPA* es una medida de varios años de estudio del estudiante. Es evidencia del esfuerzo del estudiante y sus logros académicos por varios años. Con el *GPA*, los consejeros de admisión pueden evaluar el potencial de un estudiante. Según las oficinas de admisión de la mayoría de las universidades, un estudiante que se ha esforzado en recibir buenas calificaciones en el *high school* tendrá más éxito en los cursos universitarios.

Por lo tanto, un estudiante con buenas calificaciones y un *GPA* alto relativo a los otros aplicantes, presenta más posibilidades de admisión.

Sin embargo, las universidades siempre consideran factores que afectan los *GPAs* especialmente si las situaciones están fuera del control del estudiante. Esto fue muy evidente durante la pandemia COVID-19 cuando los *high schools* tuvieron que cambiar la estructura del aprendizaje y la manera de otorgar calificaciones. De hecho, muchos *high schools* implementaron un sistema de *"credit"* o *"no credit"* en vez de reportar los *GPAs*. En respuesta, las universidades anunciaron que solamente evaluarán las calificaciones que fueron reportadas por el *high school*. Es decir, las universidades consideran las experiencias incontrolables al determinar sus decisiones.

También, si un estudiante ha tenido dificultad con sus cursos y no tiene un *GPA* relativamente alto, aún tiene oportunidades de admisión. En estos casos, lo importante es demostrar lo que el estudiante aprendió de su situación o si pudo avanzar en sus cursos.

De modo parecido, las universidades consideran circunstancias personales que han afectado las calificaciones de cada postulante. Por ejemplo, en el caso de que el *GPA* de un estudiante fuera impactado por algo personal, las universidades tomarían en consideración una explicación detallada de lo que pasó. Lo importante es comunicar en la solicitud lo que el estudiante aprendió de su situación o si pudo avanzar en sus cursos. Todo lo que el estudiante agregue será evaluado.

Para resumir, el *GPA* es un factor sumamente significativo en el proceso de admisión Considerando esa importancia, enfoque en el rendimiento académico de su estudiante. No se rinda. Y en la sección siguiente, ofrecemos unas sugerencias para que su estudiante pueda dar lo mejor.

5 sugerencias para tener un *GPA* más alto

La verdad es que no hay una respuesta mágica o un santo remedio para obtener las calificaciones altas. Un *GPA* alto requiere tiempo, paciencia, trabajo y sacrificio.

En nuestras experiencias, los estudiantes con las calificaciones más altas tienen unas características en común: son motivados a lograr sus metas, son dedicados a sus estudios y les gusta aprender.

Por eso, para apoyar a su estudiante lograr el GPA más alto, primero es necesario entender qué es lo que motiva a su estudiante. La motivación material, como premios, regalos o dinero, puede funcionar en algunos casos. Pero la motivación interna, como el deseo incondicional del estudiante de aprender y estudiar sin esperar un premio, lleva al estudiante a sobresalir en la escuela y en el resto de su vida.

Para acceder la motivación interna de su estudiante y en turno lograr calificaciones más altas, recomendamos lo siguiente:

#1) Conversación y apoyo: Platique constantemente con su estudiante de sus intereses y deseos. Intente descubrir lo que le motiva para estudiar y explorar. A veces, el hecho de solo conversar de los estudios es el único apoyo que su estudiante necesita. También, usted puede ser la porrista o el vocero número uno durante los cuatro años de *high school*.

#2) Preparación: Cuando seleccionen clases, hablen con su consejera académica para determinar cuáles son los mejores cursos para su estudiante. Lo ideal es obtener un balance entre cursos desafiantes, interesantes y requeridos para ingresar a la universidad.

#3) Confirmación: Tras los meses de la escuela, siga las calificaciones de su estudiante para confirmar que su estudiante está progresando. Lo ideal es hacer chequeos regulares especialmente a mitad y al final de cada semestre o trimestre. Al confirmar las calificaciones consistentes, usted y su estudiante pueden mantener un diálogo continuo acerca de sus cursos, intereses y planes.

#4) Superación: Si se encuentran con un curso difícil o una maestra exigente, no se desanimen y aprendan a encontrar soluciones. El estudiante que reconoce que necesita ayuda y logra superar el desafío, será más exitoso. Los desafíos académicos son normales debido a las diferencias entre los maestros, clases y escuelas. Y las soluciones para superar los desafíos son múltiples:

- Contacte a su aconsejador académico para ver si hay programas o recursos adicionales de aprendizaje
- Busque un tutor entre sus compañeros o contrate un tutor independiente
- Retome el curso si es posible

#5) Dedicación: Con el esfuerzo y sacrificio, un estudiante puede lograr calificaciones excelentes. Lograr un GPA competitivo no es algo que se puede obtener de un día para otro. Es un viaje largo con altibajos y vueltas. Los estudiantes más dedicados típicamente concluyen sus viajes académicos exitosamente.

En fin, con el *GPA*, los consejeros de admisión tendrán una idea del potencial de un estudiante para asesorar su desempeño académico. La mayoría de las universidades buscan estudiantes sobresalientes y preparados. Por eso el GPA toma un rol significativo en la evaluación de admisión y es la medida más importante en una solicitud.

A pesar de la importancia del *GPA* y la historia académica del estudiante en el proceso de admisión, existen otros factores. Ahora es el momento para otro factor: la importancia de los resultados de los exámenes estandarizados del SAT y ACT.

6. ¿Qué son los exámenes de SAT y ACT?

En este capítulo

El resultado de los exámenes estandarizados del SAT o ACT puede ser requerido por algunas universidades, pero no todas. Para estudiantes considerando una universidad que requiere los exámenes, este capítulo presenta información básica sobre los exámenes y 8 pasos para prepararse para un resultado ideal.

Inés

Inés nos llamó un día, y con mucho estrés en su voz, dijo, "Necesito tu ayuda. Tengo que hacer el examen ACT en un mes pero no salgo bien en los exámenes estandarizados."

Ella nos contó que había recibido un 19 en el ACT la última vez que tomó el examen. El puntaje máximo del ACT es un 36. Para Inés, un 19 no le daba la mejor oportunidad de ser admitida a la universidad de sus sueños.

Inés quería aplicar a universidades muy competitivas como U.C. Davis, Cal Poly San Luis Obispo y University of Southern California. Esas universidades típicamente admiten estudiantes con un resultado más alto de lo que tenía Inés. Por lo tanto, Inés temía que ninguna universidad en su lista le admitiera.

Considerando que faltaba solo un mes antes del examen, nos pusimos a trabajar inmediatamente. Cuatro semanas no era lo ideal, pero igual tuvimos tiempo para desarrollar un plan.

Primero, necesitábamos reducir el nivel de estrés de Inés. Para los exámenes estandarizados, como el ACT y el SAT, es esencial tener una mente libre de estrés para poder enfocar y pensar críticamente. Entonces, le explicamos que un puntaje en un examen no determina todo.

Segundo, investigamos el resultado que ella necesitaba. Visitamos los sitios de web de sus universidades preferidas y averiguamos que ella necesitaba un 28 en la ACT para estar en el rango de admitidos para sus universidades preferidas. Con este puntaje, le mostramos que no necesitaba un puntaje perfecto, solo un 28 de 36.

Como no necesitaba un puntaje perfecto, le mostramos que Ines solo tenía que contestar correctamente más o menos 80% de las preguntas (28/36). Por ejemplo, en la sección de matemáticas, determinamos que ella tenía que contestar correctamente 50 de las 60 preguntas.

Tercero, Inés empezó a practicar exámenes. En las semanas siguientes, Inés repetía varios exámenes de práctica. Aprendía de sus errores. Ella estudiaba poco a poco, pero no de una forma agresiva. Ella cuidaba su salud, especialmente la semana antes del examen. Dormía bien, comía bien y evitaba distracciones.

Semanas después, Inés nos llamó con una voz feliz. Nos gritó, "¡Obtuve un 29! Ahora tengo la oportunidad de ser admitida en las universidades de mis sueños."

Al final, fue así. Inés fue aceptada en U.C. Davis y se matriculó allí.

Subir diez puntos en el ACT en un mes como Inés no es común, pero sí es posible. Para entender más sobre el ACT y SAT, continuamos con una breve introducción de los exámenes y un plan básico para ayudarle a su estudiante para mejorar un resultado.

Los básicos del SAT y ACT

Antes que nada, es importante notar que durante el periodo de COVID-19 la mayoría de universidades ajustaron sus requisitos de admisión. Por ejemplo, universidades como U.C.L.A., Harvard University y Princeton University dejaron la opción al estudiante de decidir si entregaría los resultados de los exámenes para el año 2021.

Lo que no se puede predecir es el futuro de estos exámenes. ¿Este cambio a *test-optional* será permanente? ¿Los resultados de estos exámenes tendrán menos importancia?

A pesar de la incertidumbre del futuro de SAT y ACT, nosotros pensamos que de alguna forma un examen estandarizado será parte del proceso de admisión para varias universidades. Algunas siempre necesitarán una herramienta para evaluar las habilidades de los postulantes, diferenciarlas, y tomar las decisiones de admisión.

Por eso, esta sección contiene las respuestas a las preguntas más frecuentes con respecto a los exámenes de SAT y ACT para ayudarle a tomar la mejor decisión para su estudiante.

¿Qué son los exámenes de SAT y ACT?

El SAT y ACT son exámenes estandarizados manejados por dos empresas diferentes: College Board maneja el SAT y ACT, Inc. maneja el ACT.

¿Cuál es el objetivo de los exámenes?

El objetivo de ambos exámenes es evaluar las habilidades de un estudiante en las áreas de lectura, escritura, matemáticas y ciencias. Las universidades que usan estos exámenes en su proceso de admisión pueden asesorar un gran número de solicitudes rápidamente y eliminar postulantes que no tienen el rango que están buscando.

¿Los exámenes de SAT y ACT son opcionales?

Debido a la pandemia de COVID-19 y el orden de "estar en casa" para muchas comunidades, las universidades ajustaron el requisito de los exámenes y los declararon opcionales. Esta decisión fue necesaria ya que College Board y ACT, Inc. no podían administrar los exámenes en persona. También fue un cambio significativo porque anteriormente la mayoría de las universidades requerían los resultados del SAT y ACT.

La verdad es que, por causa de los cambios durante la pandemia, el futuro de estos exámenes es incierto. Sin embargo, es posible predecir que las universidades continuarán o implementarán una de estas tres estrategias más comunes con respeto a estos exámenes: *test-blind, test-optional o required testing*. Aquí ofrecemos definiciones de cada una:

- **Test-blind (los exámenes no son requeridos)**: Las universidades que son *test-blind* no quieren ver los resultados de los exámenes, ni los consideran si son entregados. Universidades como Hampshire College, Northern Illinois y el sistema de University California (en 2023) son ejemplos de *test-blind*. Ellas tomarán sus decisiones de admisión sin una consideración a los exámenes.
- **Test-optional (los exámenes son opcionales)**: Las universidades que son *test-optional* ofrecen la opción al estudiante de entregar resultados o no. Estas universidades consideran los resultados solo si los estudiantes quieren mandarlos. Durante COVID-19, las universidades ajustaron sus requisitos a *test-optional* pero muchas universidades, como Colby College y University of Chicago, ya tenían esa póliza.
- **Test-required (los exámenes requeridos)**: Las universidades que requieren los exámenes usan los resultados significativamente en sus decisiones de admisión. Típicamente, y antes de la pandemia, las universidades de *test-required* son las universidades más competitivas como Harvard University y Stanford University.

¿Cómo se sabe si una universidad es **test-optional, test-blind** *o* **test-required**?

Usted puede investigar la póliza de cada universidad en sus sitios web. Otro recurso útil es el National Center for Fair and Open Testing (*FairTest*). Su sitio web, www.fairtest.org, publica las pólizas de la mayoría de las universidades que son *test-optional* o *test-blind*. De hecho, *FairTest* está dedicada a eliminar todo tipo de exámenes estandarizados en el proceso de admisión. La motivación de la organización está basada en los estudios que han hecho. Según *FairTest*, los exámenes estandarizados favorecen a dos grupos de estudiantes: 1) los que su primer idioma es inglés y 2) los de familias con los recursos para pagar programas de preparación.

*¿Para una universidad de **test-blind**, debo tomar un SAT o ACT?*

No. Si todas las universidades en su lista son *test-blind*, no es necesario tomar un examen. Si su estudiante se encuentra en esta situación, no tiene que leer más de este capítulo. Usted puede avanzar al siguiente capítulo inmediatamente.

*¿Para una universidad de **test-optional**, debo tomar un SAT o ACT?*

Lo bueno de las universidades de *test optional* es que el estudiante tiene la opción de mandar los resultados o no. Si no manda los resultados, su solicitud no será perjudicada.

Por eso, la recomendación es tomar un examen de práctica para evaluar los resultados posibles. Muchos *high schools* ofrecen el PSAT como una práctica para el SAT o el PreACT para practicar el ACT. Usualmente, se ofrece el PSAT en octubre del tercer año de *high school* Si es que su *high school* no ofrece el PSAT o PreACT, su estudiante puede tomar exámenes de práctica gratuitos en los sitios web del College Board y ACT, Inc.

Con un puntaje de un examen de práctica, el estudiante puede decidir si su resultado está en el rango de los estudiantes admitidos a sus universidades favoritas. Si el resultado está en el rango de admisión de las universidades que está considerando, entonces sería una buena idea tomar uno de los exámenes oficialmente.

Si tiene alguna duda, también puede platicar con su consejera académica.

¿Qué materias hay en cada examen?

El SAT está dividido en cuatro secciones:

1) Comprensión de lectura: Los estudiantes leen textos de ciencias, historia y ficción y contestan preguntas basadas en su comprensión del texto.
2) Escritura y gramática: Los estudiantes editan textos con errores de gramática o estructura.
3) Matemáticas (sin calculadora): Los estudiantes resuelven problemas de álgebra, geometría, y trigonometría.
4) Matemáticas (con calculadora): Igual que la sección anterior pero los estudiantes pueden usar calculadoras.

El ACT es muy parecido, pero existen algunas diferencias. El examen tiene cinco secciones:

1) Inglés: Los estudiantes editan textos con errores de gramática o estructura.
2) Matemáticas (con calculadora): Los estudiantes resuelven problemas de álgebra, geometría, y trigonometría para determinar el nivel de matemáticas que manejan.
3) Comprensión de lectura: Los estudiantes leen textos de ciencias, historia y ficción y contestan preguntas basadas en su comprensión del texto.
4) Ciencias: Los estudiantes tienen que leer textos científicos e interpretar información en tablas y gráficas.
5) Ensayo (opcional): Los estudiantes escriben un argumento a favor de una de tres perspectivas de un tema debatible.

¿Cuántas horas dura un examen?

Cada examen dura entre tres o cuatro horas.

¿Qué resultados puedo obtener?

Los resultados del SAT es una escala de 400 a 1600 puntos. Es decir, un resultado de 1600 puntos, es lo más alto posible y 400 puntos es lo más bajo posible.

El ACT usa una escala de 1 a 36 puntos. En este caso, 36 puntos es perfecto, mientras un 1 es lo más bajo posible.

¿Cuál es el resultado ideal?

El resultado ideal es el puntaje necesario para ser admitido a la(s) universidad(es) preferida(s). Por ejemplo, un 1200 para el SAT es un buen resultado para un postulante a California State University of Monterey Bay. Sin embargo, no es tan bueno para un postulante a Harvard. Todo depende de las universidades donde el estudiante se postulará. Para determinar el resultado ideal, es necesario investigar esta información en los sitios web de las universidades. Como vamos a explicar en otro capítulo, muchas universidades ponen información en sus sitios de web del promedio de SAT o ACT para los estudiantes admitidos.

¿Qué examen es mejor?

Ninguno. Las universidades no le dan preferencia a uno que al otro. Ellas aceptan ambos resultados del SAT o del ACT en su proceso de admisión.

¿Cuándo se puede tomar los exámenes?

En un año típico, es decir no durante una pandemia, se ofrece cada examen siete veces al año. El calendario de las fechas exactas está disponible en los sitios web de cada examen: para el SAT es www.collegeboard.org y para el ACT es www.act.org.

En general, los estudiantes empiezan a tomar el examen al final del tercer año o al principio del último año de *high school*. Para asegurarse de que las universidades consideran los resultados, es recomendable terminar los exámenes antes de octubre del último año de *high school*.

¿Cuánto cuestan los exámenes?

El costo del SAT o el ACT es aproximadamente $50 cada examen. Los estudiantes pueden pedir un *fee waiver*, un formulario para no pagar por el examen, a través de los consejeros escolares de sus *high schools*. Los consejeros académicos usualmente administran los *fee waivers*.

¿Cómo se registra para los exámenes?

Se registra directamente en los sitios web de cada examen: para el SAT es www.collegeboard.org y para el ACT es www.act.org.

¿Se ofrecen los exámenes en español?

No. Se escriben ambos exámenes en inglés. La verdad es que los dos exámenes favorecen a los estudiantes que manejan bien el inglés.

Sin embargo, ambos exámenes ofrecen acomodaciones para estudiantes de EL, o los que están aprendiendo inglés (EL = English Learners). Las acomodaciones incluyen tiempo extra, un diccionario bilingüe e instrucciones en español. Para recibir estas acomodaciones, es necesario registrarse para los exámenes con documentación adicional del *high school* del estudiante. Consulte los sitios de web y busque "testing support" o "EL support" para la información detallada.

¿Cómo reciben las universidades los resultados?

Las universidades reciben los resultados directamente del College Board o ACT, Inc. Cuando uno registra para el examen, el estudiante puede elegir qué universidades recibirán los resultados.

Se pueden ordenar también directamente de la agencia.

¿Se puede tomar el examen más de una vez?

Sí, se puede tomarlo tantas veces como uno quiera. De hecho, los resultados históricos del College Board sugieren que muchos estudiantes que hacen el examen una segunda vez reciben un resultado un poco mejor. Pero, después de tres veces, típicamente no hay mucho cambio.

Con tanta incertidumbre del futuro a los exámenes con respecto a la pandemia, ¿cómo me preparo bien?

La verdad es que no se sabe el futuro de los exámenes después de la pandemia. Muchas universidades mantendrán sus pólizas de antes mientras otras no. Posiblemente los cambios se harán cada año escolar hasta que todas las pólizas de admisión estén estructuradas. Por lo tanto, nuestra recomendación para la mayoría de los estudiantes es seguir preparándose para los exámenes hasta que se sepa definitivamente las pólizas de todas las universidades que consideran.

La sección siguiente ofrece 8 pasos fáciles para prepararse para los exámenes y mejorar los resultados.

Los 8 pasos para mejorar los resultados del SAT y ACT

En nuestra experiencia, un estudiante dedicado a mejorar su puntaje del SAT o ACT puede lograr su meta con trabajo, dedicación y un plan para prepararse. Ofrecemos aquí un plan básico de cómo mejorar los resultados en el SAT o ACT. Lo ideal sería iniciar este plan por lo menos un año antes del examen, pero se puede hacer mucho con unas semanas.

Paso #1: Reduzca el estrés

Para muchos estudiantes, los exámenes estandarizados son estresantes. El hecho de tomar un examen significativo bajo reglas estrictas causa estrés. Peor aún, un cerebro estresado no funciona tan bien como un cerebro libre de estrés. Entonces, es fundamental reducir el nivel de estrés para su estudiante.

Se reduce el estrés con conocimiento y práctica.

Primero, el conocimiento de que los resultados de los exámenes no determinan todo. Son varios elementos en una aplicación para admisión universitaria, no solamente los resultados de un examen. Siempre recuerde que, durante una pandemia o no, muchas universidades no requieren el SAT o ACT.

Segundo, con más práctica se gana más experiencia. Mientras más experiencia, más cómodo está un estudiante.

Entonces, respire bien, practique el examen, elimine el estrés y siga al Paso #2.

Paso #2: Determine el resultado ideal

El proceso de mejorar un resultado del SAT y el ACT requiere una meta definitiva. La meta es el resultado ideal de lo que discutimos antes: el puntaje deseado para ser admitido a la(s) universidad(es) preferida(s). Determine su meta con una investigación en los sitios de web de las universidades respectivas para ver el rango de resultados de SAT y ACT para los estudiantes admitidos. Este rango es el resultado ideal y la meta definitiva. Sin embargo, recuerde que el resultado ideal no necesariamente garantiza admisión, pero puede influir positivamente en la decisión final.

Paso #3: Haga un examen de práctica

Un examen de práctica del SAT y el ACT le da una manera de aprender cómo son los exámenes y le da una idea de los resultados potenciales.

Existen dos opciones comunes para practicar un examen:

#1) Varias *high schools* ofrecen el PSAT o el PreACT para sus estudiantes durante octubre o noviembre. Los resultados están disponibles en diciembre. Consulte con su consejera académica para más detalles.

#2) Se pueden bajar exámenes de práctica en sitios como www.collegeboard.org (SAT) o www.act.org (ACT). Para estos exámenes, el estudiante tendrá que calcular sus resultados siguiendo las instrucciones del examen.

Con cualquiera opción, el objetivo de la práctica para el estudiante es primero tener experiencia con la estructura y el contenido. Segundo, y más importante, el resultado de una práctica informará el paso siguiente.

Paso #4: Compare el resultado con la meta

Ahora, compare el resultado de la práctica con el resultado ideal o la meta. La diferencia determina qué es lo que su estudiante debe considerar antes de seguir con los SAT o ACT.

Esta diferencia presenta dos casos posibles:

#1) El resultado es similar o más alto que la meta. Por ejemplo, un estudiante con una práctica de 1350 y la meta es 1300 tiene un resultado similar. En este caso, el estudiante puede practicar más o tomar el examen oficial inmediatamente.

#2) El resultado es más bajo que la meta. Por ejemplo, un estudiante con una práctica de 900 en el SAT y la meta es 1500 tiene un resultado bajo. En este caso, el estudiante puede considerar si quiere practicar y prepararse más para tomar el examen oficial o postular a universidades que son *test-optional* o *test-blind*. Si su estudiante quiere practicar, se puede usar las estrategias más eficaces para tratar de mejorar su resultado.

Paso #5: Use las estrategias más eficaces
Para poder tener éxito en un examen estandarizado como el ACT o SAT, el estudiante necesita usar estrategias comprobadas. Aquí ofrecemos algunas de las estrategias más eficaces para que su estudiante pueda alcanzar su meta:

- **Lea las instrucciones antes:** Antes del día del examen, lea las instrucciones de cada sección. Las instrucciones están disponibles en todos los exámenes de práctica y no cambian mucho cada año. Los estudiantes que ya conocen las instrucciones pueden ahorrar tiempo durante el examen ya que saben que hacer.
- **Conteste todas las preguntas:** No hay una penalización para las respuestas incorrectas. Es mejor que su estudiante adivine las preguntas que no sabe para no dejar nada en blanco.
- **Maneje el tiempo:** El tiempo es oro durante el SAT y ACT. Como son exámenes estandarizados, el tiempo es restringido. Por eso, un estudiante tiene que saber cuánto tiempo puede usar para contestar cada pregunta en el examen. Para el SAT y ACT, un estudiante tiene aproximadamente un minuto o menos para contestar cada pregunta. Para maximizar el tiempo, su estudiante debe contestar las preguntas más fáciles primero en menos del tiempo asignado y darse más tiempo para las preguntas difíciles después.
- **Evite preguntas difíciles:** Si uno no necesita un resultado perfecto, su estudiante necesita aprender a evitar las preguntas más difíciles. En vez de pasar tiempo en una pregunta difícil, su estudiante puede adivinar una respuesta y usar su tiempo para contestar más preguntas fáciles. Así puede ahorrar tiempo para contestar más preguntas y ganar más puntos.

Paso #6: Practique frecuentemente y aprenda estratégicamente

Tener un buen resultado en un examen estandarizado requiere práctica consistente y frecuentemente. Es igual cuando una persona aprende a hablar otro idioma, tocar un instrumento o jugar a un deporte. El tiempo determina el mejoramiento; mientras más práctica productiva, más oportunidad para mejorar los resultados.

Para tener un buen plan de práctica, recomendamos lo siguiente:

- **Agende una rutina de práctica:** Cuando un estudiante agenda su plan y lo sigue, se puede obtener los resultados ideales. Por ejemplo, si su estudiante agenda sus días de preparación cada sábado en la mañana, ella tendrá una rutina que la preparará para el día del examen. Y cuando la práctica es una rutina, es más probable que se realice.

- **No practique si está estresado:** La habilidad de pensar críticamente y solucionar problemas disminuye cuando uno está estresado. El cerebro estresado no funciona tan bien como un cerebro libre de estrés.

- **Practique calidad no cantidad:** Una hora de preparación dedicada y enfocada es mejor que cinco horas de preparación distraída o desconcentrada. Para tener una práctica de calidad, un estudiante tiene que replicar la experiencia del examen. Por ejemplo, practique con el tiempo restringido, estudie sin un celular y use la misma calculadora que usará el día del examen.

- **Aprenda de los errores:** Los resultados de exámenes anteriores o exámenes de práctica le indicarán en que su estudiante necesita mejorar. Por ejemplo, el estudiante que siempre contesta las preguntas de álgebra incorrectamente, simplemente tiene que estudiar más álgebra.

- **Apoye y anime:** Es normal que su estudiante se desanima con la práctica. Muchos estudiantes se aburren o buscan maneras de hacer las cosas más fáciles. O peor, dejan de trabajar y abandonan sus planes. En una situación así, el estudiante necesita su apoyo, ayuda y ánimo para sobresalir de los desafíos de la práctica.

Paso #7: Descanse la noche anterior del examen

Lo que su estudiante hace la noche anterior del examen puede impactar sus resultados significativamente.

No se debe estudiar la noche anterior. Al hacerlo, el estudiante se llena de estrés y ansiedad. En vez de estresarse, la noche anterior es un tiempo para descansar. Los exámenes son maratones de tres o cuatro horas de esfuerzo mental y el cerebro se prepara mejor con un buen descanso.

Se puede estudiar un poco la noche anterior, pero lo más importante es dormir bien para poder levantarse con una mente clara, lista y enfocada.

En vez de estudiar mucho la noche antes, su estudiante puede repasar las estrategias, releer las instrucciones de cada sección y revisar el tiempo designado para cada parte del examen. También es una buena idea preparar los materiales que uno necesita para el día siguiente: la entrada oficial del examen, las direcciones de cómo llegar al lugar, los lápices, una calculadora, una botella de agua, algo para comer, un reloj, etc.

Con esta preparación simple la noche antes, su estudiante puede levantarse con la mente clara y lista para pensar críticamente y lógicamente.

Paso #8: Evalúe los resultados y determine los siguientes pasos

Tres semanas después del examen, los resultados serán enviados por email. En ese momento, usted con su estudiante deben comparar los resultados con la meta ideal, como hicieron con el examen de práctica en Paso #4.

Si su estudiante no recibió los resultados ideales, él tiene dos opciones:

- **Retomar el examen:** Todos los estudiantes pueden retomar el examen tantas veces como puedan. Pero, no tome el examen más de tres veces ya que los resultados no cambiarán mucho. Si su estudiante va a retomar el examen, repite los Pasos #1-7 nuevamente para poder mejorar.
- **Considerar universidades que son *test-optional* o *test-blind*:** En el caso de que no haya tiempo para retomar el examen o su estudiante no quiere retomar el examen, explore universidades que no requieren los exámenes.

Si el resultado es ideal, asegúrese que su resultado fue enviado a las universidades donde se postulará. Su estudiante puede checar las páginas web de College Board o ACT para verificar dónde y cuándo el resultado fue enviado.

Mejorar los resultados es un proceso. Como en el caso de Inés, una estudiante dedicada a mejorar un puntaje del SAT o ACT que sigue un plan de estudiar y practicar puede lograr su meta.

Al final, recuerde que los resultados no determinan la admisión de un estudiante. Existen otros factores que son considerados durante la evaluación de las solicitudes. Por eso, la sección siguiente se enfoca en uno de los otros factores: las actividades.

7. ¿Las actividades extras son importantes?

En este capítulo

Muchas familias tienen la impresión que las universidades buscan solamente a los estudiantes que hayan hecho muchas actividades, como servicio comunitario, deportes y más. Las universidades quieren saber de los intereses de los aplicantes, pero ninguna actividad específica es requerida. En este capítulo, le presentamos 6 pasos para que su estudiante desarrolle el mejor plan para sus actividades.

Fátima

Fátima era una chica extremadamente ocupada. Además de ser estudiante, ella hacía mucho servicio comunitario. Ella trabajaba como voluntaria en un centro comunitario y preparaba comida para personas que vivían en la calle. También, ella trabajaba como tutora voluntaria para ayudar a estudiantes con sus tareas.

Cuando conocimos a Fátima, nos contó que no le gustaba el servicio comunitario. Le preguntamos porque pasaba su tiempo en actividades que no le interesaban. Nos dijo que su amiga le había dicho que el servicio comunitario era necesario para ser admitida a una universidad. Fátima sabía que su *high school* no requería horas de servicio comunitario para graduarse pero ella confió en el consejo de su amiga.

En nuestra reunión, le explicamos que las universidades quieren entender los intereses personales de sus postulantes. Para la universidad, las actividades ofrecen una perspectiva más amplia de los estudiantes. El servicio comunitario es una de esas actividades pero no es requisito.

Fátima no sabía qué decir, pero estaba muy contenta. Sintió que le habíamos quitado un peso de encima. Rápidamente cambiamos el enfoque de sus actividades. Ella misma dijo que le gustaría explorar el arte, especialmente escribir cuentos.

En ese momento, desarrollamos un plan para reducir las horas de servicio comunitario y enfocarnos en las actividades más interesantes para ella. Con el plan, Fátima decidió escribir diez cuentos y dibujar diez piezas antes del fin del año escolar. También, determinamos que Fátima iba a entregar sus trabajos en algunas competencias. Fátima se fue de la oficina muy feliz porque ya no tenía que pasar el tiempo en actividades que no eran necesarias.

Meses después, Fátima publicó uno de sus cuentos en una revista. También, ella recibió un premio para uno de sus cuentos en el periódico de su escuela. Al final, ella pudo anotar sus logros creativos en sus solicitudes y recibió varias ofertas de admisión de sus universidades favoritas.

La verdad de la importancia de las actividades

Muchas familias tienen la impresión que las universidades buscan solamente a los estudiantes que hayan hecho muchas actividades. Esas familias creen que su estudiante tiene que inventar un producto nuevo, solucionar problemas del medioambiente o actuar en una producción de Broadway para mejorar sus oportunidades de admisión. Es un fenómeno que hemos visto con más frecuencia en los últimos años.

Como resultado, muchos estudiantes hacen actividades extras como una obligación. En vez de explorar sus intereses y pasiones, llenan sus días con clubes, deportes o trabajos para impresionar una universidad.

La verdad es que ninguna universidad requiere una actividad adicional específica. Sin embargo, las universidades quieren saber de los intereses y las pasiones de sus aplicantes. Las universidades quieren una imagen completa de un postulante. Quieren entender cómo es la persona, a qué se dedica o qué le motiva.
Por lo tanto, en las solicitudes muchas universidades preguntan sobre las actividades adicionales. Entonces, los estudiantes tienen la oportunidad de comunicar sobre sus pasatiempos favoritos o

actividades extras.

Para aprovechar esta oportunidad, siempre es preferible hablar de los intereses y pasiones y no de las obligaciones. Los consejeros de admisión quieren conocer bien a sus postulantes y quieren entender sus motivos verdaderos. No les interesa una lista de un montón de actividades frívolas sino un logro importante o una pasión verdadera.

Es importante participar en actividades en las cuales el estudiante se dedicaba, no para ser admitido sino para explorar un interés. El estudiante que tomó un viaje para construir casas para los desamparados o trabajar con huérfanos es realmente maravilloso. Sin embargo, si el estudiante se dedica a esas actividades con el único objetivo de ser admitido a una universidad, el acto no es tan maravilloso.

Las actividades son una manera para que el estudiante descubra realmente quien es como persona. Si exploran opciones diferentes dentro y fuera de la escuela, les ayudará a determinar qué les gustaría hacer o tal vez qué elegiría como carrera. Y si por cualquier motivo su estudiante necesita o quiere trabajar, los consejeros de admisión consideran el trabajo como una actividad. También, si ayudan en casa o si hacen una práctica en una oficina o compañía.

Les recomendamos que exploren todas las opciones. No se dejen llevar por lo que creen que las universidades están buscando. Desarrollen un plan que le ayude a su estudiante seguir con sus intereses, alcanzar una meta y conocerse más.

Reconozca que cualquier plan tendrá sus desafíos. Los desafíos son parte del proceso: cuando una puerta se cierra, otra puerta se abre. Los estudiantes más exitosos siguen sus planes pero los ajustan cuando es necesario.

Durante la pandemia de COVID-19, muchos estudiantes se encontraron con dificultades de como seguir participando en sus actividades. Pero los que fueron exitosos examinaron la situación, consideraron nuevas tácticas, y continuaron sus actividades.

En la sección siguiente, presentamos 6 pasos para desarrollar un plan de actividades, sin importar los desafíos que su estudiante pueda enfrentar.

Los 6 pasos para un plan de actividades

La adolescencia es un periodo de mucho crecimiento y descubrimiento personal. Por lo tanto, el papel de la madre o del padre es apoyar a su estudiante a explorar sus pasatiempos favoritos durante este tiempo. Además, es recomendable asegurar que su estudiante se enfoque a la actividad por un periodo de tiempo o para lograr una meta.

La mejor estrategia para que su estudiante se enfoque en sus actividades es explorar sus intereses con diálogo consistente y comunicación regular. Entre más temprano empiece a comunicarse con su estudiante, mucho mejor.

Ofrecemos aquí unos pasos posibles para continuar el diálogo y comunicación con su estudiante.

Paso #1: Pregunte

Pregunte a su estudiante y platique para ver qué le gusta hacer y a que se quiere dedicar.

Preguntas posibles son:
- ¿De todas las cosas que has hecho, qué te gusta más?
- ¿Si tuvieras una hora más en tu día, qué harías con esta hora?
- ¿Qué materia te gustaría aprender más?
- ¿Conoces una actividad que no te gustaría hacer?
- Si participas en una actividad extra, ¿cuál sería tu objetivo?

La idea aquí es que platiquen con frecuencia con su estudiante.

Paso #2: Escuche

Escuche y apoye. Tome el tiempo de escucharle a su estudiante. Trate de no juzgar o ofrecer sus opiniones hasta que su estudiante haya expresado todo lo que quiere decir. Dele la oportunidad de expresarse con sus propias palabras y al mismo tiempo ayude con ideas que pueda explorar.

Paso #3: Determine un objetivo

Juntos con su estudiante, repasen todas las actividades. Decidan en qué actividades se enfocará su estudiante. La clave de este paso es determinar un enfoque, una meta o un objetivo alcanzable. No importa si la meta es grande o pequeña. Unos ejemplos son una medalla en gimnasia, reconocimiento en el trabajo, una contribución positiva en la comunidad, y entre otros.

Paso #4: Documente el plan

Su estudiante necesita escribir el plan de las actividades y los resultados deseados. El acto de documentar todo ofrece una forma de evaluar el plan, celebrar los logros y asesorar cuál será el paso siguiente. Además, con la documentación de las actividades, se puede preparar para las solicitudes de admisión. La mayoría de universidades preguntan cuales son las actividades que le interesan a los estudiantes con los resultados que obtuvieron.

Para empezar, use la tabla siguiente que se puede personalizar y ajustar a su gusto. Le recomendamos que su tabla incluya el tipo de actividad, las acciones para la actividad y el resultado deseado. Incluimos unos ejemplos para demostrar el proceso:

La Actividad	Las Acciones	Resultado
El Teatro	Hacer pruebas con un teatro local en noviembre	Protagonista de "Grease"
Softball	Practicar en la primavera con el equipo de la escuela	Ganar el campeonato de la liga

Paso #5: Ajuste cuando sea necesario

Con el tiempo, se puede cambiar y ajustar el plan en cualquier momento. Es totalmente normal que los estudiantes descubran algo nuevo al transcurso de su adolescencia. O algo inesperado, como una pandemia, pueda afectar su plan. En estos casos, continúe las pláticas, y juntos averigüen cuáles son los nuevos pasos que tomarán para lograr el objetivo. Anote los cambios en el plan pero sigue enfocando metas o resultados nuevos.

Paso #6: Celebre cada logro

El mejor momento para celebrar es cuando un estudiante logra una meta. Salgan a tomar un helado, a comer algo rico o simplemente escriba una nota de felicitaciones. En el caso de que su estudiante no logre su meta, también se puede celebrar el proceso y ayudarla a seguir trabajando para alcanzar su objetivo. El hecho de no tener el resultado perfecto puede ser significativo también.

Como todo, ayudar a su estudiante a enfocarse en sus actividades es un proceso con altos y bajos. El desarrollo personal requiere flexibilidad y paciencia. Lo más importante es que usted sea la porrista número uno para apoyar y animar a su estudiante. Lo que usted haga en estos momentos ayudará a su estudiante a ser exitoso con sus actividades. También les servirá con la búsqueda de universidades, el mismo tema que presentamos en el capítulo siguiente.

8. ¿Qué necesito hacer primero para considerar todas las universidades?

En este capítulo

Para empezar el proceso de investigación a sus *buenfits* posibles es primero necesario decidir los factores personales, académicos, y sociales que son importantes para su estudiante. Para determinar estos factores, hay que tener conversaciones regulares y honestas con su estudiante. Este capítulo presenta las 10 preguntas que le ayudarán a tener esas conversaciones para poder identificar lo que buscarán en una universidad.

Ricardo

Ricardo, un estudiante, había decidido postular a una universidad grande donde sus amigos también asistirán. Como él había asistido a un *high school* pequeño, él quería una universidad con clases grandes, muchas personas y un equipo competitivo de fútbol americano.

Cuando Ricardo empezó su búsqueda de universidades, él solamente quería entregar sus solicitudes a universidades que tenían todo lo que él estaba buscando. No quería considerar otras opciones.

En el transcurso de nuestro trabajo con Ricardo, nosotros empezamos a observar sus hábitos y tendencias. Notamos que Ricardo se distraía fácilmente y pocas veces terminaba sus trabajos a tiempo. Él nos decía que estaba muy ocupado con sus otros compromisos.

Nosotros tomamos sus acciones como una señal de que él necesitaba más apoyo académico para poder enfocarse e incluir otro tipo de universidad. Basado en nuestra experiencia, creiamos que Ricardo tendría más éxito en una universidad con menos distracciones y compromisos. Entonces, decidimos tener una conversación honesta con él y su familia.

Le explicamos a Ricardo que, en una universidad con más de 10,000 estudiantes, un estudiante no siempre recibe la atención personal que pueden tener en una universidad más pequeña.

Su mamá nos dijo, "Yo sé que Ricardo se desarrollará más en una universidad pequeña porque no termina sus tareas a tiempo y me preocupa. Al mismo tiempo, no lo quiero desanimar ya que él será el primero en nuestra familia en asistir a una universidad. Yo hablaré con él y trabajaremos juntos para decidir cómo agregar universidades pequeñas en su lista."

La plática entre Ricardo y sus padres fue productiva. El reconoció que era importante considerar universidades con las cualidades y programas alineados con sus necesidades académicas y personales. Ricardo empezó a entender que las universidades grandes con fútbol americano competitivo no le ofrecían la atención personalizada para que él se enfocara en sus estudios.

Al final, Ricardo desarrolló estratégicamente una lista balanceada de universidades. Su familia y él se sentían más optimistas porque habían encontrado universidades que estaban de acuerdo con la personalidad de Ricardo.

Todas las universidades son únicas

Para empezar a explorar las cualidades individuales de las universidades, la búsqueda empieza con una conversación honesta con su estudiante. El objetivo de esta conversación es conectar lo que su estudiante necesita con lo que las universidades ofrecen.

El caso de Ricardo demuestra que todas las universidades no son iguales y, muchas veces, los estudiantes no saben lo que están buscando. Ricardo pensaba que quería asistir a una universidad grande sin pensar en las diferencias de las universidades. Con más conversaciones, él pudo encontrar sus *buenfits* donde iba a sobresalir como estudiante y persona.

La verdad es que ninguna universidad es exactamente igual a otra. Como los estudiantes tienen sus propias cualidades, las universidades también.

Hasta las universidades que están en el mismo sistema educativo tienen diferencias significativas. Por ejemplo en California, CSU San Luis Obispo y CSU Channel Islands son dos universidades dentro del mismo sistema. Sin embargo, CSU San Luis Obispo es muy grande y fue establecida en 1901. Tiene más de 20,000 estudiantes y es reconocida por su programa de agricultura, negocios e ingeniería. En cambio, CSU Channel Islands es más pequeña. Tiene 6,000 estudiantes y aún está desarrollando y mejorando sus programas ya que fue establecida en 2002.

Si las universidades en el mismo sistema tienen algunas diferencias, las universidades alrededor de los Estados Unidos tienen muchas diferencias. La clave es entender cuales son las características y factores que diferencian cada universidad.

Los factores más relevantes que determinan sus *buenfits* para la mayoría de los estudiantes incluyen:

- Tipos de licenciaturas
- Especialidades (*majors*)
- Número de ingresados
- Porcentaje de estudiantes que gradúan en 4 años
- Localidad
- Conexión religiosa
- Escuelas técnicas
- Costo y becas
- Reputación

Debido a que existen grandes diferencias entre las universidades con los factores mencionados, el objetivo es captar lo que su estudiante busca en una universidad y lo que necesita para ser exitosa. Inicie una conversación con curiosidad y honestidad. El hecho de conectar las necesidades de su estudiante con los factores de las universidades es un proceso continuo. Estas pláticas toman tiempo y requieren mucha paciencia.

Para facilitar estas pláticas con su estudiante, ofrecemos preguntas prácticas en la sección siguiente que usted y su estudiante pueden explorar regularmente y determinar sus *buenfits*.

Las 10 preguntas esenciales

Las conversaciones con los adolescentes de sus futuros pueden ser difíciles. A veces los estudiantes pueden ser tercos en compartir sus ideas o pensamientos. Sin embargo, estas mismas conversaciones se convierten en un proceso de descubrimiento.

La mejor manera de tener conversaciones reveladoras sobre los planes futuros de su estudiante es hacerle preguntas y escuchar lo que dice. Por eso, ofrecemos algunas preguntas importantes aquí que usted puede explorar con su estudiante. Son preguntas basadas en los mismos factores que diferencian las universidades pero también son temas importantes para que su estudiante se pregunte a qué universidad quiere asistir, que le gustaría estudiar y cuáles son sus metas.

Las 10 preguntas esenciales son:

#1: ¿Cuál es el número de ingresados ideal?

Existen universidades estadounidenses pequeñas, medianas y grandes basadas en el número de estudiantes o ingresados. Las universidades pequeñas tienen menos de 2,000 ingresados, las medianas tienen entre 2,000 y 15,000 ingresados, y las grandes tienen más de 15,000 ingresados.

La diferencia de ingresados puede impactar la diversidad de programas académicos, actividades estudiantiles, oportunidades de trabajar con profesores y otros factores.

#2: ¿Pública o independiente?

La diferencia entre una universidad pública y una independiente está basada en un factor: cómo la universidad recibe su dinero. Una universidad pública está principalmente financiada por el gobierno. Una universidad independiente es financiada por la colegiatura de los alumnos o donaciones privadas.

Usualmente las universidades públicas son parte de un sistema educativo estatal. Por ejemplo, las universidades públicas en California son parte de uno de estos tres sistemas: California State University, University of California, o California Community Colleges.

Si la universidad es pública y parte del sistema estatal, el costo de la educación puede ser más económico para las familias que radican dentro del estado porque el gobierno cubre parte de los gastos.

Se supone que la colegiatura de las universidades privadas o independientes es más alta que las universidades públicas. Sin embargo, el precio de esas universidades no es siempre el costo para las familias ya que muchos estudiantes pueden recibir becas o asistencia financiera directamente de la universidad.

La decisión entre pública e independiente puede ser un factor pero por el momento recomendamos que no descarten ninguna opción.

#3: ¿La conexión religiosa es importante?

Las universidades conectadas a una iglesia o religión ofrecen una oportunidad a los estudiantes para desarrollar su espiritualidad. Existen universidades con influencia católica, cristiana, judía, mormona, y otras religiones. Si la religión es importante para su estudiante, es necesario agregar este factor en su búsqueda.

#4: ¿Qué interés académico o profesional tienes?
Identifique lo que le interesa a su estudiante. ¿Qué le gustaría explorar

a su estudiante? ¿A qué le gustaría dedicarse?

Por ejemplo, si un estudiante tiene un gran interés en estudiar biología marina, considera universidades cercanas del océano. Por otra parte, si a un estudiante le interesa la política, considera una universidad basada en la capital de un estado o cerca de Washington D.C.

No es necesario saber con exactitud el enfoque académico o profesional pero se puede investigar las especialidades en cada escuela para ver lo que le interesa a su estudiante.

#5: ¿Es importante graduarse en cuatro años?

Las universidades ofrecen la mayoría de sus licenciaturas en programas de cuatro años. Sin embargo, muchos estudiantes necesitan cinco años o más para graduarse. Esta pregunta es significativa porque las universidades usualmente no ofrecen ayuda financiera después del cuarto año.

#6: ¿Hay otras actividades que te gustaría continuar en la universidad?

Cada universidad también ofrece experiencias fuera de las actividades académicas. Los intereses de su estudiante pueden guiar el proceso de considerar cuales son las universidades más convenientes y afines para él o ella. Un estudiante con un interés en el ciclismo debe buscar universidades con comunidades de ciclistas. Explore oportunidades dentro y fuera de la universidad.

#7: ¿Cerca o lejos de casa? ¿Pueblo o ciudad?

Una consideración importante es la distancia de la casa a la universidad. Muchos estudiantes están listos para explorar el mundo y quieren vivir en otro lugar. Mientras otros estudiantes prefieren estar cerca de la casa.

Le recomendamos que ponga atención cuando le pregunte esta pregunta a su estudiante. Aunque pueda ser difícil para algunos padres apoyar el interés de un estudiante en asistir a una universidad lejos de casa. Usted puede trabajar junto con su estudiante y encontrar un punto medio.

Dentro de esta misma conversación, considere la decisión de vivir en un pueblo o una ciudad. Un beneficio de estar en una universidad en un pueblo es que el pueblo está dedicado a la universidad. Es decir, existen muchos recursos en un pueblo específicamente para los estudiantes. En cambio, en una ciudad, la experiencia universitaria es diferente. Una ciudad ofrece varias actividades culturales, opciones de trabajo, y comunidades diversas.

Conversa con su estudiante para saber la ubicación y ambiente ideales.

#8: ¿Cuáles universidades se pueden visitar?

Es importante visitar algunas universidades para observar el campus y ver los programas en vivo y en directo.

Comuníquese con la oficina de admisión y reserve sus *tours* (giras) en cada universidad que les pueda gustar. Si no es posible hacer una gira formal con la oficina de admisión, aún se puede visitar el campus informalmente.

En este momento es importante visitar algunas universidades para saber como es es la vida en cada campus respectivo.

Visite varias universidades. Empiece con opciones cerca de su casa y poco a poco investigue otras universidades. Incluye algunas universidades que su estudiante tal vez no ha considerado. Muchas veces, los estudiantes no consideran una universidad porque no es muy conocida. El hecho de no haber oído algo de una universidad no significa que la universidad no sea buena.

Después de cada visita, escriba en una libreta o en su teléfono acerca de su experiencia. ¿Cuáles son los programas que le gustan? ¿Cuáles no le gustan? Anote sus experiencias para poder calificar y comparar las universidades.

#9: *¿Hay más preguntas que considerar?*

Siempre hay más preguntas para continuar la plática con su estudiante. Hable constantemente para ver si hay más que le gustaría explorar. Recuerde, los estudiantes siempre cambian de opinión. Un día piensan que quieren ser doctores, y al otro les gustaría ser dueños de negocios. Siga explorando con tiempo, paciencia, y curiosidad.

#10: *¿Cuándo podemos hablar?*

Es necesario empezar la conversación lo más pronto posible con su estudiante. Siempre hay tiempo para platicar y mientras hay más tiempo, hay más conversaciones.

Si las conversaciones no pueden ser espontáneas, una recomendación es planear reuniones familiares regulares. Las familias más exitosas en este proceso establecen una rutina para platicar. La rutina puede ser un día del mes consistente como el primer sábado o el último domingo. Dele la oportunidad a su estudiante de elegir el día o la fecha ya que esto le ayudará a tener más confianza y sentirse apoyado por usted.

Una plática constante con su estudiante explorando las respuestas a las preguntas aquí motivará a su estudiante para considerar las posibilidades, encontrar la universidad ideal y alcanzar sus metas.

Deje la conversación evolucionar con el tiempo. Es normal que su estudiante cambie de opinión de un día al otro. Con conversaciones regulares, el paso siguiente de hacer una investigación concreta de las universidades que están considerando será más exitoso.

9. ¿Cómo se inicia una investigación de las universidades?

En este capítulo

Para evaluar si las universidades realmente son *buenfits* y compatibles con su estudiante, es necesario hacer una investigación profunda a las universidades con una consideración a los factores que determinaron en el capítulo anterior. Aquí presentamos recursos recomendados y 6 pasos para empezar su investigación.

Mateo

Mateo empezó a trabajar con nosotros el verano antes de su tercer año de high school. A Mateo le interesaba mucho el estudio de la ingeniería pero no sabía mucho sobre los programas y la variedad de las universidades.

Él nos comentó que quería aplicar a University of California, Davis porque le llamaba la atención su programa de ingeniería. Le preguntamos si él tenía información específica de lo que el programa de Davis ofrecía. Mateo nos contestó que lo único que sabía era que Davis tenía un programa de ingeniería y nada más.

Entonces, le hicimos preguntas similares a las del Capítulo 8 para entender cuáles eran sus intereses. Basado en esta conversación, le recomendamos que Mateo explore universidades como University of North Carolina, Chapel Hill, Boston University, y University of Washington.

Para hacer una búsqueda muy detallada, Mateo usó sus recursos como el sitio web de *National Statistics of Education* y el libro *Fiske Guide to Colleges*. Se enfocó en programas de ingeniería, sus programas de estudios y la ubicación de las universidades. Empezó a crear una lista de sus universidades favoritas como Boston University, Seattle University y otras.

Al final de su investigación inicial, Mateo produjo una lista de las 50 universidades más interesantes. Mateo se sentía contento ya que descubrió muchas oportunidades de estudiar que no sabía que existían.

El inicio de la investigación

La educación universitaria representa muchos años de estudio, un compromiso financiero, y la base de una carrera. Así, el hecho de entregar una solicitud a una universidad es una decisión muy grande. Existen más de 3,000 universidades en los Estados Unidos y las posibilidades pueden ser abrumadoras. ¿Cómo se sabe qué universidad es para su estudiante? ¿Cómo se puede determinar en qué universidad su estudiante será más exitoso?

La verdad es que una investigación profunda es la mejor manera de identificar cuáles opciones son los *buenfits* y que son más viables para su estudiante. Es el momento de explorar y tomar en cuenta todas las posibilidades. No hay que limitarse y se puede considerar todo tipo de universidades.

Sin embargo, la clave es conectar los factores importantes de su estudiante a lo que ofrece una universidad. Las respuestas a las preguntas del Capítulo 8 determinarán esos factores primordiales. Armados con estos factores, usted y su estudiante pueden empezar su investigación y aprender información más detallada de algunas universidades.

Al mismo tiempo, pueden encontrar opciones o factores que no han considerado anteriormente. Varias familias cambian de opinión cuando aprenden más sobre las universidades y lo que ofrecen. Los factores también pueden evolucionar. Si esto pasa en su investigación, no hay problema. Siga trabajando y haga cambios si son necesarios.

Note que lo ideal es hacer su investigación por lo menos dos o tres años antes de postularse. Tome el tiempo para investigar, comparar y encontrar los motivos para entregar solicitudes. Igual se puede hacer este trabajo en el último año de *high school* pero hay que empezar lo más pronto posible.

En fin, la meta es crear una lista llena con buenas opciones, o *buenfits*, para su estudiante. Esta lista tomará una forma más finalizada más adelante. Por el momento, siga los 6 pasos en la sección siguiente para poder empezar su investigación y formar su lista inicial.

Los 6 pasos para empezar una investigación

Para iniciar su investigación, sigan estos 6 pasos:

Paso #1: Confirme los factores

Con su estudiante, repase sus respuestas a las preguntas del Capítulo 8. Decidan cuáles factores siguen siendo los más importantes para sus *buenfits*.

Paso #2: Prepare una lista para documentar la información

Como usted y su estudiante van a investigar mucha información, necesitan un solo lugar para poder guardar todos los datos. Se pueden usar una lista en un documento o un cuaderno para juntar información para cada universidad que están considerando.

En este documento o cuaderno, forman una lista para poner categorías de información como el nombre de la universidad, la localidad, los programas académicos y los otros factores que son importantes para ustedes. A veces, es más fácil poner toda la información en una tabla como el ejemplo de una lista inicial en la página siguiente.

La lista inicial:

La Universidad	La Localidad	Numero de Ingresados	Los Programas y/o Licenciatura	Otros factores

Paso #3: Decidan las universidades para investigar

Con su estudiante, decidan cuáles son las universidades que les gustaría investigar. Escriba el nombre de cada universidad en una lista como en la tabla aquí o en su cuaderno. No se preocupe sobre la cantidad de universidades para su lista.

Este paso es solo para poder empezar con algunas universidades que tienen en cuenta. Poco a poco pueden añadir más universidades si quieren investigar más.

La tabla siguiente es un ejemplo basado en una estudiante interesada en negocios:

La Universidad	La Localidad	Numero de Ingresados	Los Programas de Negocio	Otros Factores
University of California at Los Angeles www.ucla.edu	Los Angeles, CA	31,500	Dos opciones en negocio: Economía y Economía de negocios	El programa es en economía
Purdue University www.purdue.edu	West Lafayette, IN	45,869	Diferentes opciones en negocio: Contabilidad, Negocios con Ingeniería, otras licenciaturas combinadas	Centro Cultural Latino, costos varían si el estudiante vive dentro y fuera del estado
Suffolk University www.suffolk.edu	Boston, MA	9,101	Diferentes opciones en negocio como: Contabilidad y Financia con Maestría (4+1)	Campus in Madrid, Club Mexicano, oportunidades para becas

Paso #4: Use recursos disponibles para su investigación

Llene la información sobre los factores importantes para cada universidad en su lista. Para encontrar la información, primero exploren los recursos que existen en su escuela. Por ejemplo, muchas escuelas ofrecen recursos en línea como Naviance o California Colleges. Estos recursos proveen mucha información de muchas universidades. Sus consejeros académicos pueden ayudarles y apoyarles con esto.

Si su escuela no tiene muchos recursos, usen el sitio de web del National Center of Education: https://nces.ed.gov para ver la información que el gobierno de los Estados Unidos requiere de todas las universidades. También, usen el sitio web de StriveScan (www.strivescan.com) para ver videos o presentaciones directamente de los representantes de admisión. Otra fuente de información es el sitio web de cada universidad que ofrece los detalles específicos de los programas, los cursos y más.

Paso #5: Anote todo tipo de datos que les llaman la atencion (buenos y malos)

Cada vez que encuentren un dato interesante, escriba lo que les llama la atención en su lista. Consideren todo. ¿La localidad es conveniente? ¿Hay una conexión personal? ¿Tiene algún programa o especialidad importante para Uds.? ¿Hay recursos de tutoría? También, incluyen lo que no les gusta. Por ejemplo, tal vez está muy lejos de casa o le falta algo que están buscando.

Entre más información anote, mejor. Así usted y su estudiante pueden recordar las diferencias entre todas las universidades que investiguen. También esta información les ayudará cuando su estudiante escriba los ensayos de admisión.

Paso #6: Analice sus preferencias

Durante este proceso de investigación, tomen el tiempo de considerar cuales son las características de las universidades que les haya gustado más. ¿Cuales son sus *buenfits*? La idea es poder reflexionar sobre las oportunidades que existen para su estudiante para tener una visión más clara de la universidad ideal. Al analizar sus preferencias, pueden considerar otras universidades que ofrecen los factores ideales. A la misma vez, pueden empezar a descartar opciones que no son viables.

Al final de su investigación inicial, su lista tendrá datos relevantes para cada universidad que están considerando. Ahora le toca agregar un dato muy importante a su lista para cada universidad: la posibilidad de admisión. Y este tema exploramos en el siguiente capítulo.

10. ¿Cuál es la posibilidad de admisión?

En este capítulo

Todas las universidades publican su *admit rate*, o el porcentaje de admisión. El porcentaje de admisión es un elemento decisivo para determinar las chances de admisión. Se presentan aquí 3 pasos necesarios para encontrar, documentar y evaluar la posibilidad de admisión.

Carlos

Carlos era un estudiante con el promedio académico, o *GPA,* más alto de su *high school.* Por eso, Carlos sentía seguro que iba a ser admitido a sus universidades favoritas sin ningún problema. También, Carlos tenía tanta seguridad en sus habilidades que él quería completar todas sus solicitudes sólo. Sus papás intentaron ayudarlo pero él no quería su ayuda.

Solo, Carlos decidió entregar sus solicitudes a Stanford University, University of California at Berkeley, Harvard University y University of Southern California. Además, él decidió que si no fuera admitido a una de esas universidades, no valdría la pena seguir con su educación universitaria. Era todo o nada para Carlos.

A pesar de la determinación de su hijo, los padres de Carlos empezaron a solicitar los consejos de otros. Nos llamaron y empezamos a trabajar con ellos. En nuestra primera reunión con Carlos y sus padres, platicamos sobre las características importantes de una universidad para Carlos. Desarrollamos una serie de características y una descripción en general de una universidad ideal.

Con esta información, formamos una lista de varias universidades posibles. No descartamos las universidades preferidas de Carlos sino agregamos universidades que ofrecían más posibilidades de admisión.

Nuestra meta era tener opciones para Carlos en que la admisión sería más probable.

Entonces, Carlos fue convencido a aplicar a dos universidades más: University of California at Santa Cruz y University of Oregon. Carlos entregó las solicitudes sin ningún ánimo, pero lo hizo de todas maneras.

Con el tiempo, Carlos empezó a recibir las noticias de admisión. Él no fue admitido a sus universidades preferidas. Pero, sí fue admitido a dos universidades: University of California at Santa Cruz y University of Oregon. Al final, Carlos decidió asistir a la University of California at Santa Cruz.

¿Se puede imaginar qué le hubiera pasado a Carlos si no hubiera entregado más solicitudes? ¡Carlos no habría tenido ninguna opción universitaria! Afortunadamente, Carlos tenía un par de opciones excelentes para asistir a la universidad y seguir sus estudios.

La admisión es una estrategia

Aunque un estudiante tenga el mejor *GPA* o las calificaciones excelentes, la admisión no está garantizada. La experiencia de Carlos demuestra que un GPA competitivo no es suficiente para ser admitido a universidades selectivas.

Ciertas universidades admiten a muy pocos estudiantes y por eso tienen los *admit rates* (porcentajes de admisión) tan bajos como 5%. El *admit rate* es un cálculo simple: el porcentaje de los estudiantes admitidos de toda la población de postulantes. Según Unigo (https://www.unigo.com/), un sitio web que se dedica a conectar las universidades con estudiantes, 15 universidades en los Estados Unidos son sumamente competitivas ya que tienen un porcentaje de admisión de 10% o menos. Esas universidades selectivas casi no admiten a nadie.
Ya que existen más de 3,000 universidades en los Estados Unidos, las 15 más competitivas representan solamente 0.5% de todas las

opciones. Es decir, 99.5% de las universidades son más posibles para muchos. De hecho, muchas universidades tienen un porcentaje de admisión de 70% o más alto.

Además, el porcentaje de admisión no siempre define la calidad de la educación de la universidad. Es solamente una cifra que no representa todos los factores de que platicamos anteriormente y si es un *buenfit* para el estudiante.

Si su estudiante tiene el sueño de asistir a una universidad con las probabilidades bajas de admisión, hay que apoyarlo. Al mismo tiempo, es necesario considerar universidades con probabilidades altas de admisión que son más alcanzables también. La admisión universitaria no es una lotería, es una estrategia de probabilidad.

En la sección siguiente, presentamos como agregar las cifras de admisión a la lista inicial de sus universidades. Así podrá ver el *admit rate* e incluirlo en los factores que le ayudarán a finalizar su lista.

3 pasos para considerar el *admit rate*

Aquí ofrecemos tres pasos necesarios para investigar los porcentajes de admisión (o *admit rate*) de las universidades.

Paso #1: Investigue los *admit rates*

Lea su lista de las universidades posibles e investigue los porcentajes de admisión para cada una. Se puede encontrar esta información en los sitios web de la universidad o con una buena guía universitaria como *Fiske Guide to Colleges*. También, llame a la universidad y pida hablar con un hispanohablante. Si por algún motivo no hay alguien bilingüe, su estudiante puede llamar y traducir la conversación.

Paso #2: Ponga la información en su lista

Después de obtener los porcentajes de admisión de cada universidad en su lista, agregue una columna a su lista original de universidades con la información. Siga el ejemplo aquí:

La Universidad	La Localidad	Numero de Ingresados	Los Programas de Negocio	Otros Factores	Admit Rates (2020-2021)
University of California at Los Angeles www.ucla.edu	Los Angeles, CA	31,500	Dos opciones en negocio: Economía y Economía de negocios	El programa de negocios es en economía	14%
Purdue University www.purdue.edu	West Lafayette, IN	45,869	Diferentes opciones en negocio: Contabilidad, Negocios con Ingeniería, otras licenciaturas combinadas	Centro Cultural Latino, costos varían si el estudiante vive dentro y fuera del estado	60%
Suffolk University www.suffolk.edu	Boston, MA	9,101	Diferentes opciones en negocio como: Contabilidad y Financia con Maestría (4+1)	Campus in Madrid, Club Mexicano, oportunidades para becas	84%

Paso #3: Categorice en tres grupos basados en la selectividad

Ya que los datos del admit rate determina la selectividad de la universidad, categorice su lista en los tres grupos siguientes:

1) **Extremadamente selectiva:** las universidades con un admit rate menos de 25%

2) **Selectiva**: las universidades con un admit rate entre 25-70%
3) **No tan selectiva**: las universidades con un admit rate más de 70%

Paso #4: Analice las tendencias

Analice los grupos y revise si hay tendencias de universidades con porcentajes altos o bajos. Si la mayoría de las universidades en su lista son **extremadamente selectivas**, hay que considerar más opciones. Como la lista en el ejemplo de arriba demuestra, U.C.L.A. admite 14% de los aplicantes. Es una cifra bastante baja y selectiva. Si es necesario, agregue universidades a su lista con mejores probabilidades de admisión.

Al final, ser admitido a una universidad no es un juego de lotería. Al contrario, es una estrategia calculada que empieza primero con los factores importantes y después con los porcentajes de admisión. La meta es tener una lista de universidades basada en los factores y balanceada con varios porcentajes de admisión. Al igual que Carlos, su estudiante puede tener más opciones de admisión a las universidades que son *buenfits* y no al azar.

Con los factores importantes y los *admit rates* en su lista, es posible que su lista contenga muchas universidades. Ahora es el momento de finalizar su lista y decidir en cuantas universidades su estudiante se postulará.

11. ¿Cuántas universidades hay en una lista final?

En este capítulo

Una lista final típicamente tiene entre 5 y 12 *buenfits*. Para llegar a una lista final, es necesario considerar el GPA y los resultados del SAT y ACT de los estudiantes admitidos en cada universidad. En este capítulo, le presentamos 6 pasos para usar esta información para predecir las probabilidades de admisión y elegir las universidades en su lista final.

Denise

Denise quería asistir a una universidad con buenos programas de medicina. Cuando ella llegó a nuestra oficina, ella había preparado una lista de más de 35 universidades. Su lista incluyó universidades a las que sus amigas le habían recomendado porque eran populares. Sin investigar nada, ella quería entregar solicitudes a cada una de las 35 universidades.

En esta primera conversación con ella, le explicamos a Denise que los estudiantes típicamente entregan entre siete y doce solicitudes. Completar 35 solicitudes, le dijimos, es ambicioso y costoso. Además, requiere mucho trabajo.

La conversación siguió cuando Denise nos dijo cuál universidad era su preferida: McGill University en Canadá. Curiosos, le preguntamos por qué McGill. Ella sonrió y dijo, "me gusta porque se escucha divertida." Le preguntamos sobre los programas de medicina, las clases y los profesores ya que ella quería una carrera en medicina.

La verdad es que Denise no había hecho ninguna investigación profunda. Ella no sabía qué McGill no ofrecía un programa de medicina. Para Denise, McGill no era uno de sus *buenfits* ya que no tenía lo que ella buscaba.

En ese momento, lo más importante para Denise era identificar cómo limitar su lista e investigar cuáles universidades eran para ella. Por eso, le dimos una tarea de estudiar el perfil de un estudiante típico en todas las universidades en su lista. Ella tenía que visitar los sitios de web de todas las universidades para ver la información disponible de los estudiantes admitidos de cada universidad.

Con nuestra dirección, Denise hizo una investigación profunda a su lista. Ella estudió los perfiles de los estudiantes admitidos que incluía información como las calificaciones, los resultados de SAT/ACT y más. Ella empezó a identificarse con los perfiles de los estudiantes en algunas universidades, y en otras no. Con su estudio, ella pudo eliminar varias universidades de su lista y también aprender más detalles de los programas interesantes.

Al final, Denise decidió entregar 18 solicitudes, no 35. Ella tenía más confianza en su decisión y no perdió ni tiempo ni dinero en el proceso.

La información más necesaria en su lista

El problema para muchos estudiantes es que no saben crear una lista ideal de universidades posibles. Hasta en algunas circunstancias, entre ellos mismos los estudiantes compiten para ver quién se puede postular a más universidades.

Al elegir universidades para postularse, como en el caso de Denise, muchos consideran demasiadas oportunidades sin evaluar la selectividad de cada una. A la misma vez, otros no consideran las opciones suficientes y limitan sus oportunidades.

Para que su estudiante evite esta situación, es necesario agregar más puntos de información a su lista. Ya con los datos de admit rate, o la selectividad de las universidades del capítulo anterior, hay que agregar dos puntos de información más:

1) El GPA
2) Los resultados del SAT y ACT

Estos dos puntos, el GPA y los resultados del SAT y ACT, forman el perfil académico de los estudiantes admitidos el año anterior. Con este perfil académico, se puede comparar los datos de su estudiante con los datos de las universidades para evaluar si los promedios de su estudiante son más altos, bajos, o iguales que los promedios de las universidades en su lista.

Antes de seguir, es importante notar que los resultados del SAT y ACT tal vez no sean relevantes en el futuro. En los últimos años, muchas universidades empezaron a adoptar una póliza de *test-optional* (que el estudiante tiene la opción de entregar los resultados) o *test-blind* (que la universidad no considera los resultados en su proceso de admisión).

Como resultado, estos exámenes tal vez no sean tan importantes en el perfil académico. Sin embargo, nosotros decidimos incluir este punto por dos razones: 1) es como se han evaluado los promedios en el pasado y 2) las universidades extremadamente selectivas seguramente seguirán usando estos resultados porque procesan una cantidad masiva de solicitudes.

Ahora, con los puntos que forman el perfil académico y los datos de la selectividad del *admit rate*, se puede predecir las probabilidades de admisión con más exactitud. La manera de llegar a esta predicción es categorizar las universidades en su lista en uno de los tres grupos: *Reach, Targets* y *Safety.*

Se definen estas tres categorías así:

- **Reach**: una universidad con un *admit rate* extremadamente selectivo y/o el perfil académico más alto que el del estudiante
- **Target**: una universidad con un *admit rate* selectivo o no tan selectivo y/o el perfil académico es parecido al del estudiante
- **Safety**: una universidad con un *admit rate* no tan selectivo y el perfil académico es más bajo que al del estudiante

Con estas tres categorías, se puede ver que si una categoría tiene más universidades que las otras. Al mismo tiempo, se puede decidir si se necesita cambiar de universidades y empezar a investigar otras. Lo ideal es tener un balance entre *Reaches, Targets,* y *Safeties*. Es la calidad de las opciones en una lista ideal, no la cantidad de las universidades.

Note que se puede hacer la categorización y predicción en cualquier tiempo. No obstante, para determinar las predicciones con más exactitud, es mejor usar el GPA de su estudiante antes de empezar su último año, específicamente el séptimo semestre o décimo trimestre.

En fin, con este proceso de formar las categorías y predecir admisión basado en los perfiles académicos, se puede llegar a una lista final. Se recomienda que su lista final no tenga más de 12 universidades. Aplicar a más de doce universidades consume mucho tiempo, dinero y estrés.

Por eso, en la sección siguiente, ofrecemos 5 pasos para finalizar su lista estratégicamente, balancear las categorías y enfocar en sus mejores *buenfits* para su estudiante.

Los 4 pasos para finalizar la lista ideal

Aquí, presentamos cuatro pasos para demostrar cómo puede finalizar su lista:

Paso #1: Busque y anote los promedios

Busque los promedios del GPA y los resultados del SAT & ACT de los estudiantes admitidos para cada universidad en su lista. Igual que la información de los porcentajes de admisión, esta información está disponible en los sitios web de las universidades o recursos respetables como National Center for Education Statistics: https://nces.ed.gov.

Paso #2 : Categorice para predecir la posibilidad de admisión

Con una comparación de los promedios académicos de los estudiantes admitidos a las universidades en su lista con los mismos datos de su estudiante, más el *admit rate* de cada universidad, se puede empezar a categorizar las universidades en su lista para predecir la posibilidad de admisión.

Las tres categorías posibles son: *Reach*, *Target* y *Safety*. Acuérdese que *reach* es una universidad con un *admit rate* extremadamente selectivo y/o el perfil académico más alto que el del estudiante. *Target* es una universidad con un *admit rate* selectivo o no tan selectivo y/o el perfil académico es similar al del estudiante. *Safety* es una universidad con un *admit rate* selectivo o no tan selectivo y el perfil académico es más bajo que el del estudiante.

Para poder visualizar y facilitar la categorización, use una Tabla de Predicción con los tres grupos definidos como el ejemplo aquí:

Tabla de Predicción:

		La selectividad (basada en admit rate)		
El perfil académico del estudiante comparado con lo de las universidades (basado en GPA y resultados del SAT y ACT)		Muy Selectiva	Selectiva	No Tan Selectiva
	Más Alto	*Reach*	*Safety*	*Safety*
	Similar	*Reach*	*Target*	*Safety*
	Más Bajo	*Reach*	*Reach*	*Reach*

Ahora, en esta misma tabla, se puede escribir los nombres de las universidades en su lista.

Para dar un ejemplo concreto de este paso, consideramos el caso de Emilia, una estudiante con un perfil académico de un GPA de 3.6 y los resultados del SAT de 1150. Con estos datos, podemos predecir las posibilidades de admisión y categorizar cada universidad en su lista en su tabla de predicción como el ejemplo aquí:

Tabla de Predicción para Emilia:

		La selectividad (basada en admit rate)		
El perfil académico de Emilia comparado con lo de las universidades (basado en GPA y resultados del SAT y ACT)		Muy Selectiva	Selectiva	No Tan Selectiva
	Más Alto	*Reach*	*Safety*	*Safety* **DIXIE STATE**
	Similar	*Reach*	*Target* **REGIS**	*Safety*
	Más Bajo	*Reach*	*Reach* **LOYOLA MARYMOUNT**	*Reach*

Como Emilia tiene un *GPA* y un resultado del SAT más bajos que lo que Loyola Marymount típicamente admite, Loyola Marymount la predicción de selectividad es *Reach*. Regis University, con un datos similares a Emilia, es mucho más posible de ser admitida, y es considerada *Target*. Dixie State es un *Safety* con una posibilidad de admisión excelente.

Paso #3: Analice

Ahora necesita analizar cuántas universidades tiene cada categoría: *Reach*, *Target*, y *Safety*. El objetivo es tener una lista final con un balance de probabilidades de admisión ideal. Se recomienda más *Target* y *Safety* que *Reach* para tener más ofertas de admisión, y en ciertos casos, la ayuda financiera.

Las listas finales más exitosas típicamente tienen 2-4 universidades en cada categoría. Sin embargo, todo depende de su estudiante y los promedios. Por ejemplo, si su estudiante tiene 5 universidades que le encantan y todas son *Safety*, realmente no hay motivo de agregar más.

A la misma vez, si su estudiante tiene 10 *Reach* sin ninguna *Target* o *Safety*, correrá el riesgo de no ser admitido a ninguna universidad. Si se encuentra en esta situación, es necesario agregar unas universidades con más probabilidad de admisión.

Paso #4: Finalice

Después de completar el análisis, usted y su estudiante pueden empezar a seleccionar y eliminar universidades de su lista para poder finalizar su lista.

Llegar a una lista final requiere decisiones difíciles y emocionales pero necesarias. Pero no elija o elimine las universidades con los ojos cerrados. Consideren las ventajas o desventajas de cada universidad y asegúrese que la lista esté balanceada entre *Reach, Target,* y *Safety*.

Basado en nuestra experiencia, una lista final típicamente tiene entre 5 a 12 universidades en total ya que el estudiante va a necesitar escribir varios ensayos y entregar otros documentos para cada solicitud. El número al final dependerá de su estudiante y las predicciones de admisión de las universidades que le interesan.

Al seguir este paso, usted y su estudiante tendrán una lista más enfocada, estratégicamente balanceada, y con posibilidades de admisión. Recuerde, es la calidad de las opciones en la lista, no la cantidad de las universidades. ¡Sabemos que lograrán una lista final!

12. ¿Es importante visitar las universidades?

En este capítulo

Visitar una universidad es un paso sumamente importante en el proceso de considerar universidades. Las visitas, oficiales o no oficiales, virtuales o en persona, son oportunidades para descubrir oportunidades y evaluar si una universidad es uno de los *buenfits*. Se presentan aquí 8 consejos útiles para visitar las universidades y conocer sus comunidades.

Bruno

En el otoño de su tercer año de la *high school*, Bruno preparaba su búsqueda de las universidades. Él había pasado toda su vida en California y deseaba un cambio de ambiente. Por eso, sólo consideraba las universidades en la costa atlántica, sobre todo las universidades en el noreste del país. Pero después de toda su vida en el clima rico de California, Bruno no sabía si podría sobrevivir un invierno frío.

Afortunadamente, Bruno participó en una gira de universidades en el noreste y tomó diez días para visitar más de 20 universidades durante el mes de febrero. Bruno viajó desde Washington D.C. hasta Maine para conocer American University, Columbia University, University Massachusetts Amherst, Bowdoin College y Bates College entre otras.

El hecho de visitar estas universidades confirmó dos elementos importantes para Brooke. Primero, él pasó los diez días en un invierno duro y sobrevivió. No tan solo sobrevivió, sino que le gustó.

Segundo, Bruno empezó a formar unas ideas de su universidad ideal. Por ejemplo, antes de sus visitas, a Bruno le interesó Bowdoin College. Pero después de conocer Brunswick, Maine y la universidad, Bruno decidió que prefería estar en una ciudad más grande.

Al final, Bruno regresó a California con más ganas de asistir a una universidad en el este de los Estados Unidos. Cuando llegó el momento de decidir, Bruno eligió Boston College y pasó cuatro años increíbles allí.

La importancia de las visitas

Ya que la información en los folletos o en línea es limitada, las visitas son fundamentales en el proceso de seleccionar una universidad. Al visitar, un estudiante tiene la oportunidad de observar la comunidad, sentirse como un estudiante e imaginar la experiencia de asistir a la universidad. Además, los padres también pueden explorar la experiencia universitaria, determinar la seguridad del campus y entender el tipo de apoyo que los estudiantes reciben.

Se recomienda aún más visitar universidades en persona si un estudiante está emocionado de viajar fuera del estado para conocer las universidades y sus alrededores. Mudarse a otro estado es un gran cambio. El clima, la cultura y el ambiente pueden ser diferentes y pueden influenciar la experiencia del estudiante. Algunas veces los estudiantes no hacen el trabajo de conocer las universidades y después del primer semestre quieren transferirse a otra universidad cerca de casa.

Donde estudiar y vivir por cuatro años o más es una decisión significativa. Muchos factores pueden cambiar la perspectiva de un estudiante, por eso es muy importante ver, visitar, hacer preguntas, explorar el campus y conocer la comunidad en persona. Cada universidad, cerca o lejos, tiene su propia comunidad y su propia honda.

Para hacer una visita, hay opciones: las visitas pueden ser oficiales o no oficiales. Aquí les presentamos la diferencia entre una visita oficial y una visita no oficial.

- **Oficiales**: Una visita oficial requiere un registro con la universidad. Una visita así ofrece la oportunidad de conocer a los consejeros de admisión. Además, como requiere un registro, el interés en la universidad está documentado. Hay tres tipos de visitas oficiales:

- **En persona:** Cada universidad organiza visitas oficiales, como giras o sesiones informativas, en su campus. Para asistir a una gira en persona, se necesita llamar a la oficina de admisión o visitar el sitio web de la universidad para registrarse.
- **Virtual:** Las universidades ofrecen experiencias virtuales en sus sitios web. Debido a la pandemia, las universidades llegaron a ser muy creativas en lo que ofrecen virtualmente. Para participar en un evento virtual, hay que registrarse en el sitio web de la oficina de admisión de cada universidad. También, hay otros sitios, como www.strivescan.com, en que se puede registrar una vez y participar en giras o visitas virtuales de diversas universidades.
- **En la comunidad:** Los consejeros de admisión participan en *college fairs*, sesiones informativas, y otros eventos organizados por los *high schools* o organizaciones. Hay que registrarse para esos eventos con los organizadores.

- **No oficiales**: Una visita no oficial no está organizada por la oficina de admisión de la universidad. Por lo tanto, no requiere un registro. Para hacer una visita no oficial, sólo hay que visitar el campus personalmente sin registrarse. A veces, las *high schools* y organizaciones comunitarias organizan giras no oficiales. En cualquier caso, se recomienda visitar una universidad durante el día para poder ver la comunidad estudiantil. Las giras virtuales que se encuentran en los sitios web de las universidades típicamente requieren un registro pero hay sitios web, como www.youniversitytv.com, en que pueden ver giras y videos sin registrarse.

Es importante notar que las universidades toman en consideración si un estudiante participa en una visita oficial o no. De hecho, Lehigh University hizo una investigación sobre el impacto de las visitas oficiales. Los resultados fueron reveladores. Por ejemplo, el estudio concluyó que una visita oficial en persona influye en la decisión más que cuando un estudiante participa sin registrarse en una sesión de información en su *high school*.

En fin, las visitas son sumamente importantes. Con una visita oficial o no oficial, un estudiante puede aprender más de lo que una universidad ofrece y si es un *buenfit*. Ya cuando el estudiante está considerando entregar una solicitud a una de las universidades, se recomienda que haga una visita formal para demostrar interés y tener comunicación con las oficinas de admisión. La siguiente sección presenta consejos para hacer las visitas oficiales y no oficiales.

Los 8 consejos para visitar las universidades

Como las visitas oficiales son cruciales en el proceso de admisión universitaria, aquí presentamos 8 consejos para realizar sus visitas:

#1) Las visitas locales: Le recomendamos que empiece a visitar las universidades que están cercanas a usted, incluso los *community colleges*, para tener un mejor sentido de lo que tiene el campus y el vecindario. Ya cuando visite una universidad local, se puede notar que tan fácil es visitar una universidad para poder programar visitas más lejanas en el futuro.

#2) Las visitas no oficiales: Una visita oficial es más recomendada, pero una visita no oficial ofrece también una perspectiva de la comunidad y la vida universitaria. Una visita no oficial puede ser espontánea, por ejemplo en camino a un viaje de la familia.

#3) Antes de una visita oficial en persona: Prepare una lista de universidades que pueden visitar oficialmente en persona. Tome el tiempo de investigar los sitios web de cada universidad en su lista para saber qué programas ofrecen y lo que la universidad ofrece. Regístrese para una sesión de información o una gira en el sitio. También, prepare la manera en que tomará apuntes y las preguntas que tendrá para los representantes de admisión. En este momento, es importante que su estudiante tome la iniciativa para estas preparaciones ya que la información en los sitios está escrita en inglés y se sentirá más entusiasmado con el proceso.

#4) Durante una visita oficial en persona: Asegúrese de registrarse en la oficina de admisión para conocer a los representantes de admisión y las personas que tal vez leerán su solicitud. Durante la presentación o gira, haga muchas preguntas sobre los programas académicos y el proceso de admisión. A parte de la gira, tome el tiempo de caminar el campus y visitar lugares como la cafetería, el centro estudiantil y otros puntos de interés para observar la comunidad. Trate de platicar con un mínimo de tres estudiantes o profesores que no trabajan en la oficina de admisiones. Con las conversaciones espontáneas, podrá recibir información de diversas perspectivas. Recuerde, coleccione los folletos de cada universidad y tome apuntes importantes para ustedes.

#5) Después de una visita oficial en persona: Tenga una conversación honesta y transparente con su estudiante. Anote con su estudiante sobre lo que le gustó o no de su experiencia. Este momento es sumamente importante para comparar y evaluar las universidades que han visitado para determinar cual es una de sus *buenfits*.

#6) Las visitas virtuales: La ventaja de una visita virtual es que se puede hacer en cualquier momento. Como una respuesta a COVID-19, muchas universidades ofrecen maneras virtuales interactivas, creativas, y grabadas. Busque una gira virtual o una presentación en línea en los sitios web de las universidades. Regístrese oficialmente para establecer la comunicación con la universidad y demostrar interés. Siga los consejos arriba de lo que hacer antes, durante y después de la visita.

#7) Las visitas después de ser admitido: Si un estudiante recibe ofertas múltiples de admisión y no sabe a qué universidad quiere asistir, es importante visitar las universidades en persona para ayudar con la decisión. Pregunte a la oficina de admisión si ofrecen apoyo, o hasta ayuda financiera, para hacer una visita. Sigue los consejos de arriba antes, durante y después. Más importante, reúnase con la oficina de ayuda financiera, facultad, y estudiantes para poder llegar a una decisión de cuales universidades son *buenfits*.

#8) Otras posibilidades: Además de las visitas oficiales o no oficiales, existen otros recursos para poder saber que ofrecen las universidades. Preste atención a lo que ofrece su *high school*. Tal vez un representante de una universidad visite a su *high school* o una organización tenga programada una gira de universidades. Pídale explorar todas las oportunidades posibles a su consejero escolar. También, se puede encontrar giras virtuales, presentaciones grabadas, chats virtuales y más información en sitios de web como https://www.strivescan.com/ o https://unibuddy.com/.

En resumen, las visitas oficiales y no oficiales ofrecen una forma concreta para determinar las posibilidades, poder finalizar su lista y decidir cuales son *buenfits*.

13. ¿Qué se necesita para entregar una solicitud?

En este capítulo

Cada estudiante será considerado basado en la información que entrega y como llena las solicitudes. La solicitud es un formulario electrónico que un estudiante necesita entregar a cada universidad. Existen diferentes tipos de solicitudes, programas de admisión, y fechas finales. Aquí se presenta un resumen de las solicitudes más comunes, los programas típicos de admisión y 7 estrategias para postularse exitosamente.

Leila

Leila era una estudiante con mucha energía pero poca paciencia. Cuando llegó el momento de entregar las solicitudes, ella logró completarlas rápidamente. De hecho, ella llenó la solicitud como si fuera un mensaje de texto con faltas de ortografía y oraciones incompletas.

Leila nos contaba de su experiencia y le preguntamos cómo le había ido. Con entusiasmo ella respondió, "¡Súper bien! Se me hizo fácil llenar las solicitudes."

Le preguntamos si ella había revisado sus solicitudes antes de entregarlas para confirmar la   información correcta.

"No," dijo Leila. "¿Hay que revisarlas?"

Inmediatamente, revisamos todas las solicitudes de Leila. Era muy obvio que Leila no completaba sus solicitudes con atención y tiempo. Ella cometió varios errores.

Por ejemplo, no había usado letras mayúsculas en los nombres de personas ni ningún tipo de puntuación al final de sus oraciones. Su tono de voz en varias solicitudes era demasiado informal y no reflejaba el optimismo de su personalidad. Lo peor de todo es que ella no hubiera contestado todas las preguntas.

Le comentamos a Leila que los consejeros de admisión tienen tiempo muy limitado para leer una solicitud y evaluar a un estudiante. La manera de cómo un estudiante presenta su información determina cómo será considerado. Todos los detalles cuentan. Por eso, le recomendamos tomar el tiempo de corregir errores ortográficos, desarrollar sus ideas, y organizar la información.

En la próxima reunión, Leila nos mostró que había revisado todas sus solicitudes con mucha atención y tiempo. Leila logró incluir información detallada y presentó una perspectiva más completa de sus experiencias.

Sin embargo, el trabajo de Leila no terminó. Ella nos sorprendió con un cambio a su plan: decidió postularse a N.Y.U. a través del programa de *Early Decision Deadline* (Fecha Final de Decisión Temprana).

Platicamos lo que significaba postularse *Early Decision Deadline*. Por un lado, le mostramos que los porcentajes de admisión son más altos para este grupo de postulantes. Por el otro, le explicamos que Leila tendría que comprometerse a asistir a N.Y.U. sin tener ninguna otra opción. Le recomendamos que hablara con su mamá y consejero escolar ya que era un compromiso muy grande.

Después de varias pláticas, Leila no cambió su decisión. Ella completó la solicitud a N.Y.U. con tiempo y atención a los detalles. Antes de entregar la solicitud, la mamá, el consejero escolar y Leila firmaron un contrato electrónico para comprometerse a ingresar si ella fuera aceptada.

Al final, N.Y.U. le ofreció admisión. Lloraba de felicidad y gritaba, "¡Me aceptaron!" Todo su trabajo valió la pena.

Los elementos básicos de postularse

Para las universidades, la solicitud y sus requisitos forman la base de la evaluación del potencial de un postulante. Con la información en la solicitud, las universidades pueden conocer más a los estudiantes. Es una oportunidad para que las universidades evalúen si los estudiantes son *buenfits* para la universidad. Por lo tanto, la solicitud es la parte más esencial en el proceso de admisión universitaria.

Lamentablemente, muchos estudiantes no se dan cuenta de la importancia de la solicitud. Completan los formularios sin el tiempo y atención necesaria. No entienden que cada elemento de la solicitud ofrece una forma de entender y conocer al estudiante. Peor aún, no saben que existen varios tipos de solicitudes, no entienden que cada elemento de la solicitud tiene un motivo diferente y no saben la diferencia entre los programas de admisión posibles.

Por eso, presentamos aquí las tres partes básicas para postularse: los tipos de solicitudes, los requisitos más comunes y los programas diferentes de admisión con sus fechas finales particulares.

Existen cuatro tipos de solicitudes más comunes:

1. **Common Application (Solicitud Común):** Se utiliza el *Common Application*, o la solicitud común, en más de 800 universidades a través del mundo y principalmente en los EE.UU. Con tantas universidades que usan la solicitud común, solamente se necesita completar y entregar una solicitud para varias universidades.

2. **Coalition Application (Solicitud Coalición):** Se usa el *Coalition Application*, o la solicitud de coalición, en aproximadamente 140 universidades estadounidenses. Similar al Common Application, su estudiante entrega una solicitud para varias universidades.

3. **State Application (Solicitud Estatal):** Sistemas estatales, como el U.C. y C.S.U. en California, ofrecen una solicitud para todas las universidades dentro del mismo sistema. Por ejemplo, el sistema estatal de University of California tiene una solicitud para sus nueve universidades en el mismo sistema. California State University también tiene una solicitud para sus 23 campuses.

4. **Personalized Application (Solicitud Personalizada):** En ciertos casos, las universidades ofrecen una solicitud personalizada o particular. Por ejemplo, Embry-Riddle Aeronautical University, requiere una solicitud particular que no tiene que ver con las otras solicitudes ya mencionadas.

Los requisitos más comunes en las solicitudes incluyen:

- **El formulario**: Típicamente uno a dos páginas, el formulario pide información básica del postulante como nombre, dirección, y más.
- *Transcript*: La documentación de la historia de las clases del *high school* del estudiante es mejor conocida como el *transcript*. Los *transcripts* también incluyen las notas para cada clase. Las universidades piden los *transcripts* oficiales de los *high schools*. El *transcript* dice mucho porque presenta un resumen breve de casi cuatro años de estudio y demuestra si un estudiante tomaba las clases necesarias para entrar a la universidad. Note que el *Common Application* requiere que el *transcript* sea parte de un reportaje de su *high school*, o un *School Report*.
- **Los resultados del SAT o ACT**: Esta información puede ser opcional o requerida depende de la universidad. Los resultados de los exámenes estandarizados también pueden indicar si el estudiante está preparado para la universidad.
- **Cartas de recomendación:** Usualmente se requieren dos o tres cartas de recomendación de un maestro, un consejero escolar u otra persona para escribir una carta a la universidad

para recomendar al estudiante. Las cartas de recomendación otorgan observaciones de personas conocidas a los estudiantes para dar otra perspectiva. Note que el *Common Application* nombra la carta de recomendación *Teacher Evaluation.*

- **Ensayo personal:** La mayoría de las universidades piden un ensayo personal de 300-500 palabras de cada estudiante. El tema del ensayo varía entre las universidades pero típicamente son temas para conocer más al estudiante. Y los ensayos personales son historias personales y detalles importantes para conocer mejor al postulante.
- **Costo**: Cuando se entrega la solicitud, las universidades cobran generalmente $50-$100 por solicitud. Existen *fee waivers*, o unas excepciones de pago, para las familias de bajos recursos. Con un *waiver*, la universidad no cobra el costo de entregar una solicitud. Platique con su consejero escolar para identificar el proceso de recibir un *fee waiver.*

Los requisitos para estudiantes indocumentados son los mismos. Pero en algunos casos las universidades consideran a los estudiantes como estudiantes internacionales. En este caso, el estudiante tendrá que entregar documentos adicionales. Para confirmar los requisitos de admisión, el estudiante tendrá que comunicarse con la universidad directamente. Si por algún motivo el estudiante no se siente seguro, entonces se puede pedir ayuda de su consejero académico para que él o ella se comunique con la universidad.

Cada programa de admisión es diferente y tiene una fecha final determinada por la universidad. Es importante notar que normalmente hay dos semestres, o periodos del año escolar, cuando un estudiante entra a una universidad: el otoño o la primavera. Ya que la mayoría de los estudiantes entrarán en el otoño, presentamos aquí los programas típicos para este semestre:

Early Decision Deadline (fecha final de decisión temprana)

El programa de la fecha final de decisión temprana es para el estudiante que está preparado para inscribirse a una universidad en particular. En este caso, si el estudiante fuera admitido, estaría comprometido a asistir y tendría que cancelar las solicitudes de las otras universidades. Para postularse en este programa, el estudiante, los padres, y la consejera escolar tendrán que firmar un documento que asegura que todos han entendido el compromiso de inscripción.

Las fechas finales para *Early Decision* típicamente ocurren entre octubre y enero.

Early Action Deadline (fecha final de acción temprana)

El programa de fecha final de acción temprana es para el estudiante que le gustaría recibir una respuesta rápidamente. Un estudiante puede entregar múltiples solicitudes en *Early Action* y serán notificados entre uno o dos meses.

Las fechas finales para *Early Action* típicamente ocurren entre octubre y enero.

Early Action Single-Choice Deadline (fecha final de acción temprana-elección única)

Pocas universidades ofrecen el programa de fecha final de acción temprana-elección única. Un estudiante solamente puede postularse a una universidad con este programa y a ninguna otra de *Early Action*.

Las fechas finales para Early Action Single-Choice típicamente tienen lugar en noviembre.

Regular Decisión Deadline (fecha final de decisión regular)

La fecha final, o decisión regular, es la última fecha posible para entregar una solicitud. Los estudiantes reciben sus decisiones semanas o meses después de haber entregado sus solicitudes.

Las fechas finales para *Regular Decisión* típicamente caen entre noviembre y enero.

Rolling Admission **(admisión continua)**

El programa de admisión continua es una opción flexible. En este programa, el estudiante puede entregar su solicitud en cualquier momento del año, incluyendo en el verano antes de inscribirse en el otoño. Los estudiantes generalmente reciben una respuesta en uno o dos meses.

Note que algunas universidades ofrecen admisión continua durante un tiempo específico.

Para entender cómo preparar una solicitud exitosa, sigue con la sección siguiente.

En conclusión, con un entendimiento de los tipos de solicitudes, sus requisitos y los programas de admisión con sus fechas finales, presentamos en la siguiente sección cómo optimizar el proceso de postularse.

Las 7 estrategias para postularse exitosamente

Se estima que los consejeros de admisión tienen entre 5-10 minutos para leer una solicitud y formar sus decisiones. Si un estudiante no contesta todas las preguntas o tiene errores simples, los consejeros de admisión pensarán que el estudiante no tiene mucho interés, que no le importa la solicitud o que no se dedicó al proceso seriamente. Es mejor no dejar campo para interpretaciones negativas y preparar una solicitud seria y profesional.

La verdad es que todas las universidades están buscando estudiantes con historias distintas y con puntos de vista diferentes. Stanford University, por ejemplo, admite una clase con solamente estudiantes que reciben las calificaciones más altas y los puntajes perfectos del SAT y ACT. Sin embargo, Stanford no quiere que una clase consista en todos los estudiantes iguales. Stanford quiere estudiantes diversos y diferentes. Por lo tanto, para Stanford y muchas universidades, las cualidades personales e individuales de los aplicantes que pueden salir en una solicitud son sumamente importantes.

Para postularse exitosamente y preparar una solicitud que sobresale, se requiere las siete estrategias siguientes:

#1: Investigue para hacer un plan

Completar las solicitudes requiere tiempo, dedicación y paciencia para hacer una investigación profunda con los datos necesarios.

Para la investigación, busque la información requerida para postularse para las universidades en su lista final. Cada universidad comunica su forma de solicitud requerida en su página web de admisiones.

Recuerde que la sección que buscará en el sitio es *undergraduate admissions*. Allí encontrará todo lo que necesita para postularse como la solicitud requerida, las fechas finales y los requisitos.

Anote estos datos en una lista o tabla como ofrecemos aquí. En nuestra tabla, incluimos un ejemplo de University of Colorado, Boulder para mostrar cómo se organiza toda la información:

Universidad	Tipo de Solicitud	Programa de admisión con fecha final	Requisitos
University of Colorado, Boulder	*Common Application*	*Regular: 15 de enero Early Action: 15 de noviembre*	*School Report, Evaluations* (1 requerido, 1 opcional), *2 ensayos, Costo:* $50

Después de haber obtenido toda la información, usted verá lo que su estudiante tiene que completar y cuando se necesita terminar todo para postularse a las universidades en su lista final.Una tabla con la información exacta guiará su plan.

Su tabla o plan también puede incluir fechas adicionales para poder anticipar todo a tiempo. Por ejemplo, recomendamos que su tabla incluya fechas personales para pedir las cartas de recomendación, escribir los ensayos, mandar el *transcript* u otros requisitos.

#2: Determine los mejores programas de admisión

La fecha cuando se inicia el proceso de postularse determina mucho. Mientras más temprano, más programas de admisión existen.

En cambio, si su estudiante empieza a trabajar en sus solicitudes en el mes de noviembre de su *senior year* o más tarde, no todos los programas son posibles.

En cualquier caso, aquí clarificamos las ventajas y desventajas de cada programa de admisión.

Con su estudiante, consulte la información en la página siguiente para ayudarle en determinar cuál programa es mejor para las universidades en su lista:

Ventajas y desventajas de programas de admisión:

Programa	Ventaja	Desventaja
Early Decision Deadline (fecha final de decisión temprana)	• se recibe la decisión de admisión temprano • la posibilidad de admisión aumenta ya que la universidad sabe que el estudiante está comprometido	• es un compromiso obligatorio • el estudiante no podrá considerar otras opciones
Early Action Deadline (fecha final de acción temprana)	• se recibe la decisión de admisión temprano • la posibilidad de admisión puede aumentar	• en el caso de que la decisión es diferida, la decisión final será hecha con el resto de los postulantes
Early Action Single-Choice Deadline (fecha final de acción temprana-elección única)	• se recibe la decisión de admisión temprano • la posibilidad de admisión puede aumentar	• solamente puede postularse a una universidad con este programa • en el caso de que la decisión es diferida, la decisión final será hecha con el resto de los postulantes
Regular Decisión Deadline (fecha final de decisión regular)	• con una fecha final más tarde, hay más tiempo • el GPA del séptimo semestre considerado (ventaja para los con un buen GPA en ese semestre)	• la competencia es intensa porque hay más postulantes
Rolling Admission (admisión continua)	• puede postularse a cualquier tiempo • se recibe la decisión en 3-6 semanas • mientras más temprano se postule, más chances	• no todas las universidades lo • mientras más tarde se postule, menos chances de admisión

Considere todos los programas de admisión antes de tomar una decisión. Tome el tiempo para evaluar las opciones para determinar el camino ideal.

Si necesita ayuda para decidir el programa ideal con su fecha final correspondiente, consulte con su consejero escolar para poder ayudar en la mejor decisión.

#3: Prepare, escriba y edite los ensayos con anticipación

Los ensayos personales ofrecen una oportunidad de compartir las experiencias, los desafíos y los logros de los estudiantes en los años de *high school*.

En preparación de un ensayo, usted y su estudiante pueden preparar una lista de anécdotas, logros o momentos importantes para presentar un vistazo personal a quién es su estudiante antes de ver las solicitudes. Los estudiantes que son muy exitosos en escribir los ensayos son los que deciden las historias que van a compartir antes de ver las *prompts* o los temas de los ensayos. Típicamente, las universidades publican los *prompts* el 1 de agosto antes del *senior year*. Con un poco de trabajo en anticipación, su estudiante estará preparado.

Cuando los temas, o *prompts*, de los ensayos están disponibles, su estudiante puede juntar todos los ensayos que tendrá que escribir. Después, puede analizar cuales son los ensayos que tomarán más tiempo o los que son más sencillos y determinar cuáles historias compartirá con las universidades. En algunos casos, dependiendo del tema, su estudiante puede usar las mismas historias para varias solicitudes.

Al final, los ensayos más exitosos logran tres objetivos:

1. El ensayo contesta directamente el tema o *prompt*. Un ensayo sin una relación con el tema resultará en admisión negada.
2. El ensayo tiene que estar personalizado para la universidad.

Una excelente estrategia para personalizar es usar los mismos términos y mensajes en sus ensayos que se encuentran en el sitio web o marketing de la universidad. Para un ensayo reciclado, hay que ajustar las palabras o ideas para personalizarse para cada universidad.

3. El ensayo no tiene ningún error gramatical o ortográfico. Para completar un ensayo libre de errores, especialmente si el inglés no es su primer idioma, es necesario editarlo varias veces. Tal vez otra persona de confianza, como un consejero académico o maestro en su escuela, puede corregir y dar consejos en cómo mejorar los ensayos.

#4: Prepare los requisitos adicionales

Todas las solicitudes piden información adicional, como un *transcript*, los resultados de exámenes estandarizados (en muchos casos opcionales), las cartas de recomendación y más. Prepare estas cosas adicionales con tiempo anticipado.

Consulte con su *high school* para ver el proceso de entregar los *transcripts.* Se mandan los resultados del SAT y ACT a través de los sitios web de esos exámenes.

Para las cartas de recomendación, tome su tiempo para considerar quien o quienes pueden escribir una carta con los detalles de las características y cualidades de su estudiante que no se puede encontrar en otra parte de las solicitudes. Seleccione personas importantes como un maestro, un coach, un pastor, un jefe u otra persona que pueda ofrecer una perspectiva positiva. Asegúrese de darle el tiempo adecuado a cada persona para entregar la recomendación, por lo menos 3 semanas antes de la fecha final.

#5: Revise, revise y revise más

Revise todas las partes de las solicitudes antes de entregarlas. Repase las solicitudes desde la primera página hasta la última página varias veces. Una solicitud no completada no sería considerada por los consejeros de admisión.

Confirme que la solicitud demuestra la mejor representación del estudiante. Es un error no repasar y checar todas las preguntas en las solicitudes. Sería horrible entregar una solicitud con respuestas incompletas, información incorrecta o errores ortográficos. Un estudiante con las calificaciones perfectas, pero con una solicitud descuidada, probablemente no sería admitido.

Si no lee inglés, igual hay maneras de revisar la solicitud. Como los ensayos, usted puede solicitar la ayuda de otra persona como un maestro o un consejero. Incluso algunas universidades tienen programas conectados con los *high schools* para asesorar a estudiantes con las solicitudes y ayudar con las revisiones.

#6: Láncese, haga clic en el botón de *submit* y ¡célebre!

Después de todo el trabajo de revisar, editar, y completar, no hay motivo para esperar. Láncese porque es el momento de postularse. ¡Haga clic en el botón de *submit*!

Después de hacer clic en *submit*, la universidad enviará una confirmación vía email de que su solicitud fue recibida. Si no la recibe entre uno o dos días, comuníquese inmediatamente con la oficina de admisión de la universidad ya que pudo haber sido un error. No dejen nada al azar. Recuerde mandar todos los requisitos ya que la solicitud no será considerada para admisión si no está completada.

Al final de completar y entregar las solicitudes, ¡hay que celebrar! ¡Es un logro tremendo postularse y terminar las solicitudes!

#7: Siga conectado

A pesar de someter una solicitud, el trabajo no termina. Las universidades se comunican a través de email, páginas electrónicas o portales virtuales individualizados. Es necesario seguir conectado.

En algunos casos, las universidades no reciben todos los requisitos. En una situación así, la universidad comunicará con el estudiante lo que falta. Recuerde que si la universidad no recibe todos los requisitos, la solicitud no será considerada para admisión. Es la responsabilidad del estudiante de checar la comunicación frecuentemente y responder lo más pronto posible. También, si su estudiante tiene nueva información que compartir, puede mandar un correo electrónico al consejero de admisión o subir la información en el portal virtual.

En fin de todas las estrategias, la manera en como su estudiante prepare la solicitud es cómo será considerado durante la evaluación. Siempre tenga en mente al consejero de admisión que va a leer todas las solicitudes y decidir cuáles estudiantes son *buenfits*. Prepare su plan, siga los pasos arriba y aproveche todas las oportunidades en la solicitud.

14. ¡Recibimos una decisión! ¿Ahora qué?

En este capítulo

Las fechas de las notificaciones de admisión varían dependiendo del programa de admisión y la universidad. Su estudiante puede recibir diferentes decisiones como *admit, deny, wait list* o *deferred*. En este capítulo, explicamos el significado de cada decisión y presentamos 5 pasos para tomar una decisión para inscribirse a la universidad.

Natalia

Natalia fue la primera en su familia con la oportunidad de asistir a una universidad en los Estados Unidos. Como ella había sido voluntaria en un hospital, ella quería seguir la vocación de ser enfermera y decidió postular a universidades con programas de enfermería.

En el transcurso de su último año de *high school*, ella recibió notificaciones de admisión. Algunas universidades, como la University of Michigan, San Jose State University, Dominican University, y Walla Walla University, le ofrecieron admisión. Desafortunadamente, no fue aceptada en su universidad preferida, University of San Francisco. Lo bueno es que Natalia tenía varias opciones. Pero, tenía una decisión importante que tomar.

En el mes de abril nos reunimos para apoyarla a identificar la mejor universidad para ella. Cuando revisamos su lista inicial de sus universidades preferidas, ella recordó sus tres factores más importantes: 1) graduarse con una licenciatura de enfermería en cuatro años, 2) asistir a una universidad en California, 3) recibir ayuda financiera.

Teniendo en cuenta esos factores, empezamos a eliminar opciones. Aunque ella recibió ayuda financiera de University of Michigan y Walla Walla University, excluimos esas universidades porque ambas están fuera de California.

Después, Natalia comparaba dos universidades: Dominican University y San Jose State University. Dominican University tenía varias ventajas: le otorgó una beca de $40,000, está en California, y Natalia podría graduarse en enfermería en cuatro años. En cambio, San Jose State, a pesar de estar en California, no le ofreció ninguna ayuda financiera y sólo la admitió a su programa de pre-nursing, lo que significó que Natalia no tendría su licenciatura en cuatro años.

Al final, la decisión no fue tan difícil. Platicó con sus padres sobre lo que ofrecía cada programa y el costo de asistir por cuatro años. Todos estaban de acuerdo que la mejor elección para Natalia era Dominican.

Ese mismo día, Natalia completó los formularios de ingreso y pagó el depósito para asistir a Dominican. También se aseguró de entregar los documentos adicionales requeridos por la universidad.

En el otoño, ella oficialmente empezó sus estudios de enfermería en Dominican University. Ella se sentía muy orgullosa de ser la primera en su familia en asistir a una universidad.

Las decisiones de admisión

Las universidades se comunican individualmente con los postulantes para notificarlos sobre las decisiones. Las notificaciones llegan a través de correo electrónico, y/o con un mensaje en el sitio de de web que la universidad maneja. Después de la notificación, usualmente el estudiante también recibe una carta oficial por correo postal.

El periodo para recibir las decisiones varía dependiendo de la universidad y el programa de admisión. Típicamente, siguen las fechas indicadas aquí:

- ***Early Decision Deadline* (fecha de decisión temprana):** entre diciembre y enero para la primera ronda o entre marzo y abril para la segunda

- *Early Action Deadline* **(fecha final de acción temprana):** entre diciembre y enero
- *Early Action Single-Choice Deadline* **(fecha final de acción temprana-elección única):** entre diciembre y enero
- *Regular Decision Deadline* **(fecha final de decisión regular):** entre marzo y abril
- *Rolling Admission* **(admisión continua):** varía, dependiendo en la fecha cuando se entrega la solicitud

Ahora, un estudiante puede recibir una de las siguientes decisiones de admisión:

- *Admit*: admisión aceptada
- *Deny*: admisión negada
- *Wait List:* la lista de espera
    ○ En este caso, el estudiante tendrá que responder y reservar su espacio en la lista de espera.
- *Deferred Admission*: admisión diferida
    ○ Una decisión de admisión diferida es para los estudiantes que entregaron su solicitud de admisión para Early Action o Early Decision. En este caso, las universidades deciden esperar para tomar una decisión después de ver las calificaciones del primer semestre/trimestre del último año de *high school* del estudiante.

Note que, a pesar de una decisión de recibir una decisión de *admit*, es posible que la decisión de admisión sea anulada. En el caso de que un estudiante no mantenga su *GPA*, no entregue los documentos finales, o tenga problemas de disciplina, la universidad puede anular una decisión de *admit*. Por eso, todos los postulantes necesitan seguir trabajando su *senior year,* no cambiar el perfil académico drásticamente, y graduarse sin meterse en problemas de disciplina.

Generalmente, se comunican todos los resultados de admisión la primera semana de abril. Las ofertas de ayuda financiera llegan poco después. Cuando llegan todas las decisiones de admisión, su estudiante tendrá que decidir cuál es la mejor opción antes del primero de mayo. Por eso, en la sección siguiente ofrecemos 5 acciones para tomar la mejor decisión e inscribirse.

Las 5 pasos para finalizar la decisión

#1: Prepárense para varias decisiones de admisión

Como mencionamos anteriormente, las decisiones de admisión llegarán antes del 1 de abril. La manera en que su estudiante recibirá una notificación será a través del email y/o un portal virtual. Si no ha recibido notificaciones antes del primero de abril, comuníquese con la universidad directamente para saber porque no ha recibido los resultados.

Acuérdense que las decisiones incluyen *admit*, *deny*, *wait list* o *deferred admission*. Si su estudiante recibe una decisión de *wait list*, asegúrense de responder a la universidad para mantener su espacio. La decisión está fuera de sus manos. Cualquiera sea el resultado, las decisiones de las universidades no definen el éxito que su estudiante tendrá en su futuro. Lo que cuenta es lo que su estudiante decide hacer con las opciones después de recibir todas las decisiones.

En muchas ocasiones, estas decisiones no tienen ninguna lógica porque las universidades determinan individualmente a quién admitir y rechazar. La realidad es que un estudiante puede recibir un *admit* de una universidad y al mismo tiempo un *deny* de otra. Los consejeros de admisión son los que controlan las decisiones, no los padres y no los estudiantes.

Anticipe recibir todo tipo de decisiones sin preocuparse. Confíe en el proceso.

#2: Esperen para considerar todas las opciones

Para tomar la mejor decisión es necesario esperar todas las decisiones de admisión. Además, si necesitan becas, esperen recibir toda la información de ayuda financiera.

La mayoría de las decisiones llegan entre diciembre y abril del último año de *high school*. Es un periodo cuando su estudiante se puede sentir emocionada, ansiosa y agobiada. Hasta usted tal vez tenga sentimientos parecidos.

No es momento de apurarse y adelantar el proceso. Tampoco es el momento para usted o su estudiante de sobreanalizar todo o comparar su situación con la de otro estudiante.

Tengan paciencia. El tiempo es necesario para que las universidades los notifiquen a los estudiantes y también para que los estudiantes reflexionen en lo que realmente están buscando en una universidad.

Lo que pueden hacer como equipo es organizar toda la información en un lugar fijo, ya sea una carpeta o un folder electrónico. También, su estudiante debe seguir la comunicación con los consejeros de admisión, checar su estatus en sus portales virtuales, y asegurarse que las universidades no han pedido ninguna información más.

#3: Conozcan las universidades de cerca

Para poder evaluar todas las opciones, hay que conocer las universidades de cerca. La manera más productiva de entender la experiencia universitaria es visitar al campus en persona o virtualmente

Las universidades por lo general ofrecen reuniones o eventos para que los estudiantes admitidos conozcan más sobre la universidad. En algunos casos, también organizan eventos especialmente para latinos que ofrecen información en español.

Antes de visitar el campus, revise la lista original de los intereses de su estudiante y los motivos que existían para postular. Considere lo que es importante para su estudiante como los programas académicos, la distancia de su casa, el compromiso económico u otros factores. Si necesitan becas para poder ingresar, pueden imprimir todas las ofertas de ayuda financiera, y analizar cuánto costará asistir a cada universidad.

Durante las visitas, tomen apuntes y platiquen con los estudiantes y profesores allí. Nosotros siempre recomendamos que visiten no solo los dormitorios y cafeterías sino los departamentos académicos, organizaciones estudiantiles, y posiblemente la oficina de ayuda financiera. El objetivo es considerar todo lo que ofrece la universidad, desde los cursos y el apoyo académico hasta el tipo de becas que recibirá.

Después de cada visita, organice sus apuntes para poder comparar las opciones. Prepare una lista detallada de las cosas buenas y las cosas malas de cada universidad. Incluye todos los factores relevantes para su familia. Noten las tendencias positivas y negativas de las universidades en su lista.

No olviden que sus consejeros escolares pueden ayudarles a conocer más de una universidad también. Ellos pueden ofrecer una perspectiva imparcial porque no están directamente conectados a las universidades en general. Además, es posible que ellos ayuden a otros estudiantes en ingresar a la universidad que su estudiante está considerando así que pueden tener experiencias útiles que le ayudarán a tomar la mejor decisión.

#4: Reflexionen y decidan

Ya es el momento de tomar una decisión. ¿Están listos?

Al llegar a este momento, después de esperar todas las ofertas y evaluarlas, muchas familias ya pueden tomar la decisión. Si es así para usted y su estudiante, ¡felicidades! Pueden avanzar a paso #5.

Si aún están considerando varias opciones, tomen el tiempo para reflexionar. Pregúntese: ¿Qué universidad le llama la atención? ¿En cuál comunidad su estudiante tendrá más éxito? ¿Qué universidad representa un balance entre la motivación de seguir los estudios con la realidad del costo?

Platique con su estudiante, reflexionen todas las posibilidades, y exploren los sentimientos verdaderos. Pueden empezar eliminando universidades poco a poco. Revisen toda la información: las ofertas de admisión, la ayuda financiera si hay, y todas las comunicaciones de las universidades.

Para los estudiantes en un *wait list* a su universidad preferida, igual es necesario tomar una decisión de inscribirse a otra universidad mientras esperan.

Si por algún motivo su estudiante no es admitido a ninguna universidad o si no fue admitido a su universidad preferida, ustedes pueden explorar las alternativas en el Capítulo 16.

Al final, tome el tiempo de pensar en el futuro de su estudiante para decidir qué universidad sería un buen fit. Confíen en todo el trabajo que han hecho hasta este punto y tomen la decisión juntos.

¡Qué emoción! ¡Su estudiante encontró su *buenfit*!

#5: Completen la inscripción

Para inscribirse, su estudiante necesita entregar un *Enrollment Form* o un formulario de inscripción. Este formulario indica su compromiso de ingresar a la universidad y usualmente se hace a través del internet. Si no entrega el formulario a tiempo, entonces la universidad no reservará el espacio de su estudiante.

La mayoría de los estudiantes tienen hasta el 1 de mayo su último año de *high school* para completar el *Enrollment Form*. En algunos casos la fecha puede variar porque depende de los programas de admisión.

De todos modos, averigüe la fecha final para completar el *Enrollment Form*. Además del formulario, para reservar el cupo de su estudiante y confirmar la inscripción, se necesita lo siguiente:

- Pagar un depósito económico
- Llenar los formularios de vivienda y orientación inicial
- Completar otros documentos requeridos de la universidad

Si tiene un problema en completar el formulario o pagar el depósito económico, los consejeros de admisión están disponibles para contestar cualquier pregunta y ayudarlos.

A pesar de completar el *Enrollment Form*, igual su estudiante tiene que mantener el *GPA*, seguir la conducta buena y graduarse de *high school*. Todas las universidades requieren el *transcript* final de *high school*. Sin esto, la universidad tiene el derecho de cambiar la decisión y negar la admisión.

Después de entregar todos los formularios y requisitos, su estudiante estará listo para participar en la orientación durante el verano, registrarse para los cursos y elegir su dormitorio. ¡Felicidades! Es un momento para celebrar. Su estudiante está listo para empezar su nuevo capítulo: los estudios universitarios en otoño.

15. ¿Cómo puedo recibir ayuda financiera?

En este capítulo

Usted tiene muchas oportunidades de recibir ayuda financiera. Depende de los logros de su estudiante o la situación económica de la familia, su estudiante puede calificar para becas y préstamos. Para ser considerado, su estudiante necesitará completar y someter formularios. Es un proceso abrumador, pero posible. Presentamos la información esencial de este proceso y 8 pasos para poder recibir la ayuda financiera.

Denise, parte II

¿Recuerde a Denise? ¿La estudiante que quería aplicar a 35 universidades? Bueno, nos encontramos con otro desafío en su proceso de admisión: sus padres estaban preocupados de cómo pagar la universidad. La familia de Denise no tenía muchos recursos y buscaban ayuda financiera.

Le recomendamos que considere las universidades con historias de ofrecer más ayuda financiera como la University of Minnesota o la University of Wisconsin. A pesar de nuestras recomendaciones, a Denise solo le interesaban universidades selectivas como Tulane y Mount Holyoke que no siempre ofrecen el nivel de ayuda que Denise necesitaba.

El papá de Denise quería hacer algo. Él nos dijo, "No importa cuánto cueste. Si tengo que encontrar un trabajo adicional, lo haré. Yo solamente quiero que Denise ingrese a la universidad que a ella le guste."

Como Denise entendía la situación, ella agregó unas universidades a su lista que pudieran ofrecer más asistencia financiera. Le apoyamos a completar todas las solicitudes para tener opciones múltiples.

Meses después, varias universidades la admitieron incluso algunas de sus favoritas como Tulane y Mount Holyoke. Ella estaba feliz. Pero, luego empezó a recibir más información de esas universidades, sobre todo cuánta ayuda financiera que iba a recibir. Desafortunadamente, sus universidades favoritas no le ofrecieron ninguna ayuda financiera. En cambio, la *University of Minnesota* y la *University of Wisconsin* le ofrecieron ayuda financiera.

Cuando los padres notaron que Denise no recibiría ayuda financiera, le dijeron que no podría asistir a la universidad que a ella más le gustaba. Le dijeron que tendría que elegir entre University of Minnesota y University of Wisconsin. Triste, Denise dijo que ya no quería ir a la universidad porque se sentía desilusionada.

Nosotros platicamos con Denise y le recomendamos que pensara bien su decisión. Tratamos de comunicar que no tenía lógica ingresar a una universidad que no era una buena opción económica. Al final, ella reflexionó y decidió matricularse en la *University of Minnesota*.

Nos reconectamos con ella un año después de que había ingresado a *University of Minnesota* y Denise estaba muy feliz. Ella nos contó que la *University of Minnesota* ofrecía todo lo que ella buscaba. Aunque no era su primera opción, su papá no tenía que buscar un trabajo adicional. Al final, fue una buena decisión para Denise porque era un *buenfit* académico y financiero.

El cálculo del costo de la universidad

El costo de una educación universitaria sigue aumentando, tanto que muchas familias se paralizan cuando piensan en el dinero. Pero al mismo tiempo, la cantidad de ayuda financiera y becas ha aumentado también, tanto que existen muchas oportunidades. Es decir, una educación universitaria es alcanzable para su estudiante sin quebrar la alcancía.

Pero primero, hay que saber cuánto dinero saldrá de su bolsillo. Para lograr esto, nosotros presentamos aquí la información más fundamental del costo de la universidad y las posibilidades de ayuda financiera. Cada familia tiene una situación única así que queremos simplificar esta información lo más posible.

Para empezar, se necesita entender un cálculo simple:

(costo de la asistencia) - (ayuda financiera) = costo restante

Aquí le ofrecemos más información de cada uno de estos tres elementos del cálculo para que cada familia entienda lo que tal vez tendrá que pagar para una educación universitaria.

El costo de la asistencia

Para empezar, hay que saber el costo de la asistencia, o *Cost of Attendance*, de cada universidad en su lista. Este costo normalmente incluye:

- la colegiatura
- la vivienda y la comida
- los libros y textos para las clases
- los suministros como lápices, calculadora, etc.
- las tarifas si hay como estacionamiento o recreación
- los gastos de transporte

Debido a que hay diversos tipos de universidades, el costo de la asistencia varía significativamente. Por ejemplo, la colegiatura de los community colleges es la más económica, y las universidades públicas son más económicas que las universidades privadas. El costo de la vivienda también varía dependiendo del local.

La ayuda financiera

Para reducir el costo de la universidad, existe la ayuda financiera, o *Financial Aid*. Esta ayuda está dividida en dos categorías: *merit-based aid* y *need-based aid*.

- *Merit-based aid*: Ayuda financiera basada en los logros académicos o extracurriculares de un estudiante.
- *Need-based aid:* Ayuda financiera basada en las necesidades económicas de la familia.

Cada una de estos dos tipos de ayuda financiera tiene sus propios procesos para ser considerados.

Todos los estudiantes admitidos están automáticamente considerados para *merit-based aid*. Es decir, el estudiante usualmente no tiene que hacer nada para solicitar esta ayuda financiera. Las universidades otorgan estas becas a los estudiantes con los *GPAs* favorables u otros logros relevantes. Cada universidad notificará al estudiante individualmente si recibe *merit-based aid*.

En cambio, para ser considerado para *need-based aid*, las familias tendrán que completar el *FAFSA*, un formulario del gobierno de los EE.UU que pide la información de sus ingresos e impuestos. Al llenar el formulario, hay que indicar las universidades donde el gobierno mandará sus respuestas.

Días después de entregar el *FAFSA*, el estudiante recibirá el *Student Aid Report (SAR)* y encontrará el *Expected Family Contribution (EFC)* que es una estimación de lo que una familia contribuye económicamente a la educación universitaria de su estudiante. A partir de julio de 2023, el *EFC* cambiará un poco y se conocerá como el *Student Aid Index (SAI)*.

Además del *FAFSA*, algunas universidades requieren el *CSS Profile*, un formulario del College Board. Este formulario pide información financiera adicional y puede impactar el cálculo del *SAI* dependiendo de la universidad.

Al recibir las respuestas del *FAFSA* y/o el *CSS Profile* y después de que el estudiante es admitido, las oficinas financieras comparan la diferencia del costo de asistencia con el *Student Aid Index* para determinar si la familia necesita ayuda financiera.

Los estudiantes indocumentados tienen algunas opciones para solicitar ayuda financiera. Lo más importante es que un estudiante no entregue el FAFSA ya que es del gobierno federal. En algunos casos, un estudiante puede calificar para las becas estatales. Por ejemplo, California ofrece el *Dream Act* (https://dream.csac.ca.gov). En otros casos, las universidades tienen becas específicamente para estudiantes indocumentados.

Después, cada universidad prepara un *Financial Aid Award*, o una oferta de ayuda financiera. Esta oferta incluye becas o préstamos dependiendo de la elegibilidad del estudiante como los siguientes:

- **Grants**: Becas del gobierno de *need-based aid* típicamente otorgadas a los estudiantes con menos ingresos. Un ejemplo es el Pell Grant.
- **Scholarships**: Becas de *merit-based aid* otorgadas de las universidades o organizaciones particulares usualmente basadas en los logros académicos del estudiante. También, algunas universidades ofrecen becas para los deportistas, los miembros del ejército, o los estudiantes con talentos especiales.
- **Work-Study**: Un programa del gobierno que provee fondos para trabajos de medio tiempo para los estudiantes calificados. Así, ellos ganan dinero y pagan sus gastos educacionales.
- **Federal Loans:** Préstamos del gobierno como:
  - **Subsidized Loans:** Préstamos en el nombre del estudiante que no acumulan interés durante la asistencia.
  - **Unsubsidized Loans:** Préstamos en el nombre del estudiante que acumulan interés durante la asistencia.
  - **PLUS Loans:** Préstamos en el nombre de los padres que acumulan interés durante la asistencia.

La oferta de ayuda financiera será mandada después de que el estudiante reciba notificación de ser admitido. Esta notificación llegará a través de la página web, correo electrónico, o carta.

Note que cada universidad tendrá sus propias ofertas, no tan solo en las cantidades de las becas, sino también en la manera que organizan la información. Y las ofertas incluirán sus propios términos y condiciones. Por eso, es importante leer y entender todo lo que la oferta comunica antes de firmar.

Finalmente, para renovar las becas de *need-based aid*, un estudiante tiene que completar el *FAFSA* cada año. Sin embargo, hay límites en el número de años que uno recibe la ayuda financiera. Por ejemplo, los *Pell Grants* y los préstamos del gobierno normalmente no son accesibles después de seis años de estudio.

El costo restante

Es normal que una universidad no cubra todo el costo de asistencia. Por eso, la familia tiene que determinar la cantidad de dinero que la oferta de ayuda financiera no cubre. La diferencia entre el costo de asistencia y la ayuda financiera es el *net cost*, o el costo restante.

Para cubrir este costo restante, le ofrecemos aquí algunas opciones que se puede considerar:

- Becas independientes
- Préstamos personales
- Plan de pagos administrado por la universidad
- Ahorros personales incluyendo los planes de 529
- Trabajo de medio tiempo

Lo que mencionamos aquí es solamente una introducción a la información básica de los costos de la universidad y la ayuda financiera. Si por algún motivo la información no está escrita en español, trabaje con su estudiante, oficina de ayuda financiera, o una persona confiable.

Como su situación es única, tome el tiempo de entender el costo de las universidades donde su estudiante fue admitido. Es importante comprender toda la información en la oferta de ayuda financiera antes de firmar cualquier documento. Evalúe cada condición de las becas, los préstamos u otras fuentes de financiamiento.

Al final, el objetivo es pagar la educación universitaria completamente sin compromisos imposibles. Ya que tienen la información básica, en la sección siguiente, usted encontrará 8 pasos para completar una solicitud de ayuda financiera, comparar las posibilidades de ayuda y, últimamente, pagar una educación universitaria.

Los 8 pasos para pedir ayuda financiera

Una educación universitaria es alcanzable para su estudiante sin quebrar la alcancía. La clave es aprender el proceso, calcular el costo e informarse sobre las becas y préstamos. Como otras decisiones financieras, tome su tiempo para explorar todas las opciones para evitar deudas grandes que perjudicarán el futuro de su estudiante.

Por eso, para tomar la mejor decisión de cómo pagar el costo de la universidad y pedir ayuda financiera, siga estos 8 pasos.

Paso #1: Platique con su estudiante

Primero que nada, hable con su estudiante sobre los gastos universitarios. Tenga una conversación franca y directa de las finanzas. Las familias que tienen esta conversación durante el proceso de buscar universidades están más preparadas porque los estudiantes son realistas y entienden cuáles son los límites financieros.

Algo útil para empezar estas conversaciones es el *Net-Price Calculator* que es una herramienta para calcular el *Cost of Attendance*, o costo de la asistencia, y dar un estimado de cuanta ayuda financiera una familia pueda recibir. Todas las universidades tienen un *Net-Price Calculator* en sus sitios web. Otra página con recursos de ayuda financiera es https://studentaid.gov/resources.

A veces los estimados de estas herramientas no son consistentes. Sin embargo, las calculadoras ofrecen un estimado de la ayuda financiera y el costo restante. Sobre todo, son útiles para informarse, prepararse e iniciar las conversaciones financieras.

Paso #2: Prepare

El mejor consejo sobre la ayuda financiera es que se prepare lo más pronto posible. Mientras más preparación, más oportunidades tendrá. La preparación consiste en cuatro elementos: saber los formularios, tener los documentos requeridos, evaluar la posibilidad de becas y establecer un presupuesto.

Primero, para solicitar *grants*, o *need-based aid*, es típico que la universidad requiera la completación de los formularios *FAFSA*, *CSS Profile* u otros documentos. Investigue las universidades en su lista para confirmar cuáles formularios son necesarios y las fechas finales.

Este paso es esencial para estudiantes indocumentados. Recuerde, si su estudiante no tiene ciudadanía o visa, NO someta el FAFSA. Por favor, comuníquese con la oficina de admisión de cada universidad en su lista.

Ahora, para completar estos formularios, se requiere la entrega de documentos adicionales. Por ejemplo, siempre necesita tener la declaración de impuestos del año dos años antes de que su estudiante ingrese a la universidad. Es decir, si su estudiante ingresa a la universidad el 2025, usted necesitará la declaración de impuestos de 2023 para contestar las preguntas.

Para ser considerado para las becas de *merit-based aid*. mucho depende de la historia académica del estudiante. Por lo tanto, recomendamos que su estudiante se enfoque en sus estudios para recibir las mejores calificaciones posibles. Otras becas existen que están relacionadas con las actividades adicionales de un estudiante o conectadas a los ensayos que un estudiante escribe.

Adicionalmente usted puede establecer un presupuesto para poder ahorrar para los futuros gastos. Mientras más se ahorre, más preparados van a estar cuando llegue el momento de pagar la universidad.

Por último, el tiempo para solicitar este tipo de ayuda financiera es durante el último año de *high school*. Por eso su preparación anticipada será fundamental para lograr la mejor ayuda financiera posible.

Paso #3: Solicite ayuda

Cualquier solicitud de ayuda financiera, específicamente *need-based aid*, empieza con el formulario *FAFSA*. Se puede empezar a completar el *FAFSA* el 1 de octubre del año escolar antes del año que el estudiante entra la universidad y la fecha final para completarlo depende del estado o la universidad. Completar el FAFSA es requerido cada año para recibir ayuda financiera anualmente.

Para llenar el *FAFSA,* regístrese en https://studentaid.gov. Allí, usted y su estudiante necesitan crear una cuenta con un nombre de usuario y una contraseña. Después de registrarse, el sitio le va a dar un *FSA ID* (identificación de *FAFSA*). Necesitará un número de seguro social (SSN) o Número de Identificación Personal del Contribuyente (ITIN) para obtener el *FSA ID.* Si no tiene esta información, platique con su consejero escolar.

Algunas universidades también requieren el *CSS Profile).* Para llenar un *CSS Profile*, visite https://cssprofile.collegeboard.org/ para crear su cuenta allí. No es necesario entregar este formulario a las universidades que no lo requieren.

Para los dos formularios, después de crear su cuenta, complete la información pedida. Adjunte cualquier documentación extra necesaria. Asegúrese de agregar los nombres de las universidades en su lista. La información en el *FAFSA* y *CSS Profile* será mandada directamente a las universidades que usted añade en los formularios.

Días después de entregar el *FAFSA*, usted recibirá el *Student Aid*

Report (SAR). Este reporte incluye el *Expected Family Contribution (EFC),* o a partir de julio del 2023, el *Student Aid Index (SAI).* Confirme que toda la información que usted entregó en el *SAR* es correcta. Si necesita hacer un cambio, lo podrá hacer en su cuenta de *FAFSA.*

Recuerde que para *merit-based aid* usualmente no requiere formularios adicionales. Sin embargo, algunas universidades pueden requerir ensayos. Confirme con cada universidad en su lista los requisitos y fechas finales en este caso.

Para acceder a otras becas, como las para deportistas, miembros del ejército o estudiantes con talentos especiales, infórmese sobre las posibles solicitudes y los requisitos para cada universidad.

También, se encuentran becas independientes en la página de web www.goingmerry.com. Su consejero escolar es otro recurso posible para esta información. Sobre todo, confirme con las universidades si una beca independiente cambia su oferta de ayuda financiera.

Paso #4: Espere y organice

Su estudiante recibirá una oferta de ayuda financiera después de la notificación de admisión para cada universidad. El tiempo para recibir estas ofertas varía dependiendo de la universidad y puede ser largo. Es típico que se incluya una oferta de *merit-based aid* en una carta de admisión. En cambio, la oficina de ayuda financiera mandará la oferta de *need-based aid* un poco después.

Mientras espera las notificaciones de admisión y ayuda financiera, desarrolle una forma de organizar toda esta información. La información clave es el costo de asistencia, las becas, work study, los préstamos, y el costo restante. Para organizar toda está información, use una tabla como ésta aquí:

Tabla de ayuda financiera:

EFC o SAI:	Nombre de Universidad A	Nombre de Universidad B	Nombre de Universidad C
Costo de asistencia (COA)			
Becas (Grants/Scholarships)			
Costo Antes Préstamos			
Work Study			
Préstamos estudiantiles subsidized			
Préstamos estudiantiles-unsubsidized			
Préstamos para padres (PLUS)			
Costo Restante			

Recuerde que el tiempo que toma para recibir las ofertas de admisión y ayuda financiera puede ser largo. Cuando reciba cada oferta de ayuda financiera, anote la información en su tabla u otro sistema de organización.

Al mismo tiempo, considere si la información en la carta de ayuda financiera para comparar el costo restante con su EFC. Si estos costos no concuerdan, comuníquese con la oficina de ayuda financiera para verificar si recibieron su información o pida una explicación.

Paso #5: Calcule y compare

En su Tabla de ayuda financiera, primero calcule el costo restante de cada universidad sin considerar los préstamos. Después, compare los costos restantes para determinar cuáles universidades ofrecen más ayuda financiera.

Esta comparación es fácil cuando se encuentra toda la información clave en un lugar, como una tabla. Nosotros preparamos una tabla posible como un ejemplo. Note que usamos un *EFC* de $25,000. Esto es solo un ejemplo ya que sus números y ofertas serían diferentes.

Tabla de ayuda financiera posible:

EFC o *SAI:* $25,000	Nombre de Universidad A	Nombre de Universidad B	Nombre de Universidad C
Costo de asistencia (COA)	**79,000**	**39,000**	**65,000**
Becas (Grants/Scholarships)	60,000	30,000	20,000
Costo Antes Préstamos	**19,000**	**9,000**	**45,000**
Work Study	2,000	2,000	2,000
Préstamos estudiantiles subsidized	0	0	0
Préstamos estudiantiles-unsubsidized	2,500	2,500	2,500
Préstamos para padres (PLUS)	8,000	4,500	15,500
Costo restante	**6,500**	**0**	**25,000**

Al comparar las tres universidades, la Universidad A ofrece la cantidad más grande de becas, con un costo restante de $6500. La Universidad C, ofrece una cantidad menos de becas, más préstamos y un costo restante igual al *EFC*. La Universidad B tiene un costo restante de 0 ya que el costo de asistencia es mucho más bajo que las otras.

Con este ejemplo, el *EFC* o *SAI* obviamente no cambia pero la cantidad de becas, préstamos y costos en cada una de las tres ofertas varía mucho. Lo más importante es entender el dinero que saldrá de su bolsillo para pagar cada universidad.

Paso #6: Determine la mejor opción

Cada familia tiene ingresos distintos. Es por eso, que cada oferta de ayuda financiera es diferente. Use toda la información de su investigación y trabajo para determinar cuál es la mejor opción para su estudiante.

Con esta decisión, evalúe todas las oportunidades que su estudiante tendrá en cada universidad. Por ejemplo, el apoyo individual de la universidad tanto académico como social, las licenciaturas posibles, la posibilidad de terminar los estudios en cuatro años y las carreras potenciales después de graduarse.

Además, acuérdese que varios estudiantes se gradúan en más de cuatro años. Considere los posibles gastos adicionales y por cuánto tiempo su estudiante va a recibir las becas en la oferta.

Si necesita más ayuda financiera o tiene preguntas, haga una cita con la oficina de ayuda financiera de la universidad. Existen maneras para apelar o pedir más becas. La oficina financiera le podrá informar sobre este proceso.

En fin, evalúe todos los detalles de la oferta de la ayuda financiera. Las implicaciones económicas de pagar una educación universitaria pueden ser negativas si los costos no están al alcance. Aunque a su estudiante, le fascina una universidad, no se deje llevar por las emociones. La meta es decidir en una universidad que esté alineada con su estudiante académicamente, socialmente y económicamente.

Paso #7: Acepte la oferta

Después de haber determinado la universidad ideal y su oferta de ayuda financiera, su estudiante tiene que entrar al portal virtual de la universidad y aceptar la oferta.

Asegúrese de que todos los formularios electrónicos estén completos y sometidos. Por ejemplo, los más típicos son para los de dormitorios, la orientación y cualquier otro documento pedido.

Paso #8: Planifique para repetir el proceso

Cada año que su estudiante necesite ayuda financiera, es necesario someter el FAFSA para calificar para need-based aid. Por eso, es importante planificar para este proceso todos los años.

Si en el futuro hay un cambio en su situación económica que afecta su habilidad de pagar el costo de asistencia, comuníquese con la oficina de ayuda financiera. Uno de los representantes le dará información sobre el proceso.

En fin, platique con su estudiante sobre la importancia de seguir un presupuesto de gastos. Sigan investigando diferentes maneras de pagar la colegiatura como becas independientes, préstamos personales o un trabajo de medio tiempo. Lo ideal es recibir una licenciatura sin endeudarse.

16. Si mi estudiante no quiere ir a la universidad, ¿cuáles son otras alternativas?

En este capítulo

Existen alternativas posibles para los estudiantes que no desean ingresar a una universidad después de recibirse de *high school*. Las alternativas más comunes son: *community college*, programas vocacionales, y año sabático. En este capítulo, se presenta información sobre estas 3 opciones y los 5 pasos para tomar un camino alternativo.

Bryan

Bryan era un estudiante diligente. Estudiaba mucho y tenía un GPA alto, pero no quería ir a la universidad. Él pensaba que no estaba preparado.

Sus padres trataron todo para convencerlo de entrar en la universidad. Ellos hablaron con el consejero académico, la directora, y otros estudiantes. Todo su trabajo fue en vano. Bryan decidió no asistir, y solo pensaba en trabajar.

Desilusionados, los padres aceptaron la situación y Bryan empezó a trabajar en In-n-Out.

Durante ese verano, Bryan ganaba un poco de dinero. Estaba feliz porque podía comprar las cosas personales que quería y pasar tiempo con sus amigos.

Pero en unos meses, los amigos de Bryan empezaron a prepararse para ir a la universidad. Poco a poco, Bryan se daba cuenta de que su trabajo de In-n-Out iba a ser una experiencia muy diferente que estudiar en la universidad. Se veía un futuro con la misma rutina de preparar comida, tomar pedidos y limpiar mesas.

Al reconocer su situación, Bryan les mencionó a sus padres que estaba reconsiderando su futuro. Platicó con sus padres y decidieron llamarnos para agendar una reunión.

Durante la primera cita, Bryan se sentía que había fracasado porque no les había escuchado a sus padres, consejeros y maestros. El sentía que la universidad no era posible porque costaba mucho. Además, como era agosto, él pensaba que era demasiado tarde para cambiar su decisión.

En el momento que nos contó cómo se sentía, le dijimos que todos los estudiantes tienen su propio camino. También le dijimos que él tenía mucho tiempo y muchas opciones para ir a la universidad. Le contamos que tenía varios caminos económicos y posibles incluyendo *community college* o un año sabático.

Al escuchar esto, vimos un cambio inmediato en la actitud de Bryan. Él se levantó y anunció, "Yo estoy listo para hacer lo que sea porque quiero asistir a la universidad."

Después de dos reuniones con nosotros, Bryan concretó un plan para inscribirse en un *community college* y transferirse a una universidad en dos años. De hecho, con su GPA tan alto, calificó para unas becas y no tuvo que pagar nada para la *community college*. Incluso, seguía trabajando en In-n-Out durante sus estudios y ahorraba dinero para la colegiatura futura de la universidad.

Tres alternativas para su estudiante

Usualmente, los estudiantes que asisten directamente a una universidad de cuatro años tienen una mejor oportunidad para realizar sus estudios y cumplir sus objetivos educativos. Sin embargo, reconocemos que algunos estudiantes que, por situaciones económicas u otras razones, no quieren ir directamente a una universidad de cuatro años.

Para los estudiantes que no están interesados en asistir a la universidad inmediatamente o tal vez no saben qué carrera quieren estudiar, hay otros caminos posibles.

Presentamos tres alternativas comunes aquí: *community college*, un programa vocacional o un año sabático.

1) Asistir a *community college* para transferirse

La alternativa de un *community college* puede ofrecer tres ventajas notables: el costo, la oportunidad para explorar intereses y los acuerdos definidos para transferirse a una universidad.

Primero, el costo de un *community college* es considerablemente más bajo que una universidad tradicional. Además, varios estados en los EE.UU. tienen programas muy atractivos. Hasta el estado paga parte o toda la colegiatura de un *community college*. Por ejemplo, en California, con el Promise Grant, los estudiantes no tendrán que pagar los primeros dos años de inscripción.

Segundo, un *community college* es una buena estrategia para desarrollar intereses y clarificar metas profesionales. Al transcurso de los estudios, un estudiante puede determinar cuál materia, carrera, y programa son sus favoritos. Al mismo tiempo, se pueden completar los cursos *core*. Los cursos *core* son las asignaturas generales y necesarias para transferir a una universidad de cuatros años. Típicamente incluyen matemática, ciencia, historia, inglés y un idioma extranjero.

Tercero, la mayoría de los *community colleges* tienen acuerdos con universidades que ofrecen planes definidos para transferirse. Estos acuerdos, o *Articulation Agreements*, típicamente incluyen una lista de cursos específicos y tal vez las notas requeridas. Si un estudiante completa todos los requisitos de un acuerdo, la probabilidad de admisión es muy alta, o en algunos casos, garantizada.

En efecto, con un costo favorable, un chance de explorar intereses y la opción de transferirse después de completar los acuerdos, el *community college* es una buena alternativa para su estudiante.

2) Hacer un programa vocacional

Un programa vocacional es más corto que un estudio universitario y se enfoca en los trabajos con gran demanda laboral: asistente médico, mecánico, estilista, funcionario, carpintero y más. Este tipo de programa es ideal para estudiantes que no les interesa asistir a la universidad y quieren capacitarse para poder empezar una carrera lo más pronto posible.

Si su estudiante está interesado en este tipo de programa, explore todas las opciones. Se encuentra un programa vocacional práctico en un *community college*, su comunidad, o fuera del estado. Asegúrese de investigar la calidad de cada programa y su reputación ya que todos no son iguales.

3) Tomar un año sabático (gap year)

En los últimos años, hemos visto que más estudiantes toman un año sabático fuera de sus estudios para trabajar, viajar o dedicarse a un interés personal. Un año así ofrece un descanso al ciclo de los exámenes, los estudios y el estrés educacional. Más importante, es una experiencia única que apoya el desarrollo individual de un estudiante.

De hecho, varios estudios han encontrado que los estudiantes que entran a la universidad después de un año sabático reciben mejores calificaciones y están más enfocados a sus estudios.

Existen varias actividades que uno puede considerar durante un año sabático. Por ejemplo, un estudiante puede trabajar por un año en un área que le interesa. Al mismo tiempo, el estudiante podrá ahorrar dinero y entrar a la universidad con experiencia laboral en su currículum.

Otra opción es vivir en otro país para aprender un idioma nuevo y apreciar otra cultura. Después, el estudiante ingresa a una universidad con una perspectiva del mundo más amplia y global.

Lo más recomendable para hacer un año sabático es seguir el proceso de solicitar admisión a una universidad durante senior year. Cuando un estudiante recibe una oferta de admisión, es posible diferir esa admisión otro año. Alternativamente, se puede solicitar la admisión durante el año sabático.

Muchos estudiantes ni siquiera contemplan un año sabático. No obstante, tomar un año para reflexionar, descansar y desarrollarse personalmente, tiene un impacto muy positivo en la vida de un estudiante.

En fin, las tres alternativas de community college, un programa vocacional o un año sabático ofrecen caminos posibles para muchos estudiantes. Al tomar una de estas alternativas, no significa que la universidad nunca será una opción. Al contrario, es aún posible entrar a una universidad después.

Si su estudiante está considerando un camino alternativo, presentamos los detalles de cómo determinar una meta y seguir un plan en la sección siguiente.

Los 5 pasos de seguir un camino alternativo

Para los estudiantes que quieren seguir un camino alternativo, recomendamos estos 5 pasos:

Paso #1: Confirme que un camino alternativo es la mejor opción

Muchos estudiantes necesitan tiempo para encontrar sus caminos. Están confundidos, un poco perdidos o no quieren comprometerse directamente a una universidad. Típicamente, estos estudiantes no han identificado ni sus metas académicas ni profesionales.

Si su estudiante está en esta situación, tome el tiempo de confirmar que necesita un camino alternativo. Hablen juntos regularmente para llegar a un acuerdo de que no es necesario entrar inmediatamente a la universidad.

Paso #2: Cambie su enfoque

En el caso de que Ud. y su estudiante determinen que un camino alternativo es la mejor opción, es importante cambiar su enfoque. En vez de hablar de universidades preferidas, es mejor tener conversaciones diferentes opciones profesionales y personales. Se pueden hacer preguntas similares a las del Capítulo 8 y modificarlas para explorar temas de carrera o metas individuales.

Estas conversaciones pueden empezar en el momento en que su estudiante identifique posibles carreras que no necesitan licenciaturas universitarias o simplemente cuando se nota que no está interesado en asistir a la universidad.

Recuerde, un cambio de enfoque no es un momento de rendirse. Al contrario, es una oportunidad de dedicarse a otro camino y motivar a su estudiante para alcanzar otras metas. Muchas veces, este cambio aumenta la confianza de un estudiante ya que tendrá otro enfoque.

Paso #3: Explore las alternativas y determine la mejor

Con un cambio de enfoque y con conversaciones dedicadas a los intereses profesionales de su estudiante, ustedes pueden explorar las alternativas más comunes. Mientras identifican alternativas, también pueden determinar cuál alternativa es mejor.

Por ejemplo, para los estudiantes que necesitan un descanso de estudiar, un año sabático sería ideal.

En cambio, los estudiantes que buscan una carrera corta o ya saben la carrera que quieren estudiar sin licenciatura universitaria, necesitan investigar programas vocacionales en la *community college* o independientemente. Al mismo tiempo, pueden tener una experiencia con este mismo trabajo con una práctica o *internship*. Otra alternativa es seguir un profesional dentro del rubro por un tiempo corto, como un *job shadow*.

Y para los estudiantes que todavía quieren estudiar pero necesitan más tiempo para determinar su especialidad, *community college* es una buena alternativa.

Lo importante en este paso es considerar las alternativas para decidir la mejor opción para su estudiante.

Paso #4: Determine una meta y desarrolle un plan

Después de decidir la mejor alternativa, se necesita establecer una meta y desarrollar un plan.

Una meta ideal incluye las características siguientes:

- Es específica: "completar un programa vocacional para ser electricista" es más específica que "estudiar"
- Es medible: "trabajar 40 horas en un internship" es algo que se puede medir
- Es alcanzable: "ser presidenta" es un sueño excelente pero la meta tiene que ser algo más posible dentro de un corto plazo
- Tiene tiempo definido: la meta necesita fechas finales posibles y realistas

Con una meta basada en estas cuatro características, se puede formar un plan.

Un plan exitoso es simplemente las acciones específicas con fechas finales para lograr la meta. Es un documento o una guía para motivar al estudiante y mantener su enfoque. Puede incluir pasos, tareas u otros objetivos en el camino a la meta.
Para ilustrar cómo determinar una meta y desarrollar un plan, ofrecemos un ejemplo de Claudia, una estudiante que quiere transferirse de una *community college* a una universidad.

La meta de Claudia:

- Es específica: quiere transferir de un *community college* a una universidad

- Es medible: ella necesita completar 20 cursos, o 60 créditos, en un community college para transferirse
- Es alcanzable: para Claudia, ella se queda en casa, trabajar de medio tiempo y completar sus estudios a la misma vez
- Tiene tiempo definido: Claudia va a transferir en dos años lo que es una fecha final

El plan de Claudia puede incluir:

- Mes 1: reunirse con su consejera académica en el *community college* para determinar cuáles y cuándo tomará los cursos requeridos
- Mes 6: visitar la universidad y aprender lo que requiere para completar una solicitud
- Mes 12: completar y someter la solicitud de admisión
- Mes 24: aceptar oferta de admisión y prepararse para asistir a la universidad

Ahora, en caso de que su estudiante elija otra alternativa, como un programa vocacional o un año sabático, igual se necesita una meta y un plan. Use el ejemplo de Claudia para ayudar a su estudiante a determinar su meta específica, medible, alcanzable y con fechas finales. También, desarrolle un plan de acciones para lograr su meta.

Paso #5: Dedíquese, comprométase y ajuste cuando sea necesario

La meta y el plan no tienen ningún significado si no hay dedicación al esfuerzo necesario. Se requiere compromiso y fuerza de voluntad para lograr los resultados deseados.

A la misma vez, todos los planes tienen sus desafíos. En caso de que su estudiante se enfrente con un obstáculo, tal vez será necesario ajustar un poco el plan. La meta no cambiará pero los pasos para lograr la meta pueden ser modificados cuando sea necesario.

Por ejemplo, en la situación de Claudia, si ella tuviera dificultad con un curso, una opción sería dejarlo y retomarlo el próximo semestre. Retomar el curso no cambiaría su meta de transferir, sino representaría un pequeño cambio en su plan.

Sobre todo, a pesar de cualquier obstáculo o desafío, las metas se alcanzan con dedicación, compromiso y flexibilidad. Llegar a la meta no será de la noche a la mañana. Cada día representa otra oportunidad para seguir adelante.

17. ¡Su estudiante irá a la universidad!

Queremos concluir este libro con un mensaje de inspiración: ¡SU ESTUDIANTE VA A INGRESAR A UNA DE SUS *BUENFITS*!

Primero, recuerde que este camino empieza con la mentalidad de crecimiento. Use esta mentalidad para ver las posibilidades en los obstáculos y tener la determinación para superarse. Es decir, todo es posible con trabajo y dedicación.

Segundo, forme su equipo y use todos los recursos que están a su alcance. Encuentre apoyo con los consejeros académicos, maestros, o administradores de su *high school*. Infórmense de los programas universitarios que visitan su escuela y trabaje con otras familias que tienen las mismas aspiraciones que ustedes.

Tercero, desarrolle un plan de acuerdo con la visión de su estudiante. Agende conversaciones frecuentes con su estudiante. Visite universidades. Y siga los pasos necesarios para completar las solicitudes, ser admitido, e ingresar a uno de sus *buenfits*.

Sobre todo, convierta toda la información en este libro en inspiración. Es su guía ya que ofrece varios recursos, pasos y procesos que le ayudarán durante todo su camino. Y siga luchando por todas las oportunidades que su estudiante tiene a sus pies.

Sus *buenfits* están más cerca de lo que usted se imagina.

¡Sabemos que su estudiante irá a la universidad!

El glosario

Admit: una decisión de la universidad para ofrecer la matriculación a un estudiante

Admit Rate: una cifra o porcentaje de admisión

Articulation Agreements: un acuerdo oficial entre dos universidades para garantizar que los cursos completados por un estudiante en una universidad serán aceptados cuando el estudiante transfiere a otra universidad

Ayuda financiera: una fuente de becas y préstamos que son ofrecidos por el gobierno o universidad

Buenfits: las universidades que son buenas para un estudiante

Calificaciones: las notas en la lista de curso (*transcript*); en los Estados Unidos las calificaciones usualmente son entre A-F

Cifra del promedio de admisión: una combinación de calificaciones. (stuck on this one)

Coalition Application: una solicitud de coalición o una solicitud usada por diferentes universidades (www.coalitionforcollegeaccess.org/)

College Board: una organización que administra el examen de SAT y la solicitud CSS Profile (www.collegeboard.org)

Common Application: una solicitud común o una solicitud que se utiliza por más de 800 universidades (www.commonapp.org/)

Community college: una institución académica donde los estudiantes pueden empezar su educación universitaria y/o recibir un título

Consejero/a escolar: una persona en la escuela que ayuda a registrarlo para cursos y planificar los pasos para la universidad

Consejero/a particular: una persona individual que se puede contratar para ayudar con el proceso de admisión

Core courses: unos cursos comunes o las clases requeridas para empezar el estudio universitario y las clases que se puede hacer en un community college

Cost of Attendance: el costo total de asistir a una universidad que normalmente incluye la colegiatura; la vivienda y la comida; los libros y textos para las clases; los suministros como lápices, calculadora, etc.; las tarifas si hay como estacionamiento o recreación; los gastos de transporte

Costo restante: un costo que la familia posiblemente tendrá que pagar para que su estudiante ingrese a la universidad

Deadline: una fecha final para entregar una solicitud

Deferred: una comunicación de la universidad para aplazar la decisión de ofrecer la matriculación a un estudiante para el futuro

Deny: una decisión de la universidad para no ofrecer la matriculación a un estudiante

Enrollment Form: un formulario oficial para matricular a un estudiante en la universidad

Expected Family Contribution (EFC): una cifra de la cantidad, determinada por el gobierno, que la familia tendrá que pagar anualmente para asistir a la universidad; el término EFC será reemplazado con el *Student Aid Index* (*SAI)* después de junio de 2023

FAFSA: un formulario gratuito para calificar para ayuda financiera (Solicitud Gratuita de Ayuda Federal para Estudiantes:

https://studentaid.ed.gov/sa/es/fafsa)

Fee waiver: una excepción de pago; con el waiver, una universidad no cobra el costo de entregar una solicitud

Federal Loan: un préstamo del gobierno

Financial Aid: la asistencia financiera para poder pagar el costo de asistencia

Freshmen year: el primer año escolar en la secundaria

Gap year: un año cuando el estudiante espera empezar la universidad

GPA: el promedio académico en los Estados Unidos, usualmente en una escala de 0.0-4.0

Grants: las becas del gobierno de *need-based aid* típicamente otorgadas a los estudiantes con menos ingresos. Un ejemplo es el Pell Grant.

High school: una secundaria, una preparatoria o un liceo

Internship: una práctica durante *high school* en que un estudiante obtiene experiencia de trabajo

Job shadow: una oportunidad en que un estudiante observa a profesionales en su trabajo oficial

Licenciatura universitaria: un *Bachelor's Degree*, o la culminación de un estudio universitario

Junior year: el tercer año de secundaria

Merit-based aid: la ayuda financiera basada en los logros académicos o extracurriculares de un estudiante

Need-based aid: la ayuda financiera basada en las necesidades económicas de la familia

Net-price Calculator: una calculadora que las universidades ofrecen para hacer una estimación de la ayuda financiera que el estudiante pueda recibir

School-Specific Application: una solicitud personalizada o particular para una universidad individual

Porcentaje de admisión: un cálculo basado en el número de estudiantes admitidos del total de solicitudes a una universidad

PLUS Loans: los préstamos en el nombre de los padres que acumulan interés durante la asistencia

Programas vocacionales: escuelas de oficio o programas de certificación

Reach: una universidad con un admit rate extremadamente selectivo y/o el perfil académico más alto que lo del estudiante

Safety: una universidad con un admit rate selectivo o no tan selectivo y el perfil académico es más bajo que lo del estudiante

SAT y ACT: los exámenes estandarizados que pueden ser requeridos para admisión universitaria

School Report: un reporte requerido por las universidades que usan la *Common Application* y es generado por las *high schools*

Scholarships: las becas otorgadas de las universidades o organizaciones particulares usualmente basadas en los logros académicos del estudiante o para deportistas, miembros del ejército, o estudiantes con talentos especiales

Senior year: el último o cuarto año de secundaria

Solicitud: un formulario para postular o aplicar a una universidad

Sophomore year: el segundo año de secundaria

State Application: una solicitud universitaria para un solo sistema estatal, por ejemplo el C.S.U. en California ofrece una sola solicitud para todas las 23 universidades dentro de su mismo

Student Aid Index (SAI): es una cifra de la cantidad que la familia tendrá que pagar anualmente para asistir a la universidad; esta cantidad es determinada por el gobierno; este término reemplaza el término *EFC* a partir 1 de julio del 2023

Student Aid Report (SAR): es un reporte generado por FAFSA después de que la familia/estudiante entregue el FAFSA

Subsidized loans: los préstamos en el nombre del estudiante que no acumulan interés durante la asistencia.

Target: una universidad con un admit rate selectivo o no tan selectivo y/o el perfil académico es similar que lo del estudiante

Test-blind: la póliza de algunas universidades para nunca considerar un resultado del SAT o ACT en el proceso de admisión

Test-optional: la póliza de muchas universidades para dar la opción al estudiante de entregar un resultado del SAT o ACT o no durante el proceso de admisión; generalmente, se recomienda entregar un resultado si es favorable aunque la universidad dice que es opcional

Test-required: la póliza de algunas universidades para requerir un resultado del SAT o ACT en el proceso de admisión

Transcript: una lista de cursos

Tuition: costo para matricularse

Unsubsidized Loans: los préstamos en el nombre del estudiante que acumulan interés durante la asistencia

Wait List: una decisión de la universidad para poner al postulante en una lista de espera y no ofrecer la matriculación hasta que otros estudiantes admitidos no matriculen

Work-study: un programa del gobierno que provee fondos para trabajos de medio tiempo para los estudiantes calificados

Los autores

Marisela Rubio Gomez

Marisela Rubio Gomez ha apoyado a familias con el proceso de admisión universitaria desde 2002. Su motivación viene de su propia experiencia, como hija de campesinos y estudiante de primera generación. Ella cree que todos los estudiantes pueden lograr sus metas universitarias y solo necesitan estar informados para tomar las riendas de su futuro.

Marisela es una experta en el ámbito de admisión universitaria y ayuda financiera. Ella trabajó para la oficina de admisión de *Santa Clara University* por 12 años y fundó su consejería independiente, Inspired Education, en 2017.

Con toda su experiencia, ha informado y ayudado a miles de familias latinas de cienes de *high schools* en los EE.UU. y el extranjero para eliminar barreras, crear opciones, e inspirarlos a realizar sus sueños universitarios.

Marisela recibió una licenciatura universitaria en Sociología con tres subespecialidades en Español, Estudios Étnicos y Estudios Internacionales de *Santa Clara University*. Ella también recibió un postgrado de Maestría en Educación Administrativa de Santa Clara University.

Brooke Higgins

Brooke ha ayudado a miles de estudiantes a prepararse para el SAT y ACT. Su motivación es igualar el campo de exámenes ya que el SAT y ACT favorecen a los estudiantes con más recursos y los que hablan inglés como su primer idioma. Brooke enseña que, con un estudio de las estrategias y práctica consistente, cualquier estudiante puede lograr un puntaje alto.

Su carrera como maestro empezó en 1996 en la escuela St. Paul/O.L.V. en Chicago, IL. De allí, fue a vivir a Santiago de Chile donde trabajaba como maestro de inglés. En Chile, él comenzó a preparar a sus estudiantes para los exámenes como el GMAT y TOEFL.

Cuando volvió a los Estados Unidos en 2002, fundó CROSSWALK Test Prep & Tutoring que se dedica a proveer el apoyo educacional a estudiantes para lograr sus sueños académicos. Desde 2010, Brooke trabaja en el Stevenson School en Pebble Beach, CA donde es maestro de Español, coach de water polo y consejero escolar.

Brooke recibió una doble licenciatura universitaria en Español y Comunicaciones de Boston College en 1996. Brooke también recibió un postgrado (M.B.A.) en la administración de empresas de la Middlebury Institute of International Studies en 2004.

Los agradecimientos

Agradecemos a nuestros familiares, colegas y amigos por echarnos porras durante el tiempo que escribimos *Buenfits*. No hubiéramos logrado finalizar el libro sin su apoyo incondicional.

Gracias a nuestros editores y diseñadores gráficos:

Andrea Aguirre
Nancy Allison
A.J. Alvero
Sundeep Gupta
Kathryn Haggquist
Rebeca Higgins
Juan Mendoza
Debbie Padilla
Fernando Peña
Mandee Scorpiniti
Los estudiantes de Advanced Multimedia Technology
de Seaside High School

Notas